Rezepte ohne Kohlenhydrate

100 Low Carb Rezepte mit dem Thermomix
zum Abnehmerfolg in nur 2 Wochen

Mathias Müller

ISBN: 153018813X
ISBN-13: 978-1530188130

INHALTSVERZEICHNIS

DANKSAGUNG

Für die wertvollen Anregungen zu den Rezepten danke ich von Herzen Maike Rolf, Tanja Zwingmann und Oma Susi.

Mein besonderer Dank gilt Dr. Anna Wulff für die konstruktiven Anmerkungen zum Manuskript und die motivierende Unterstützung während der Entstehung des Buches.

EINLEITUNG

Eine ungesunde Ernährung ist meist nicht nur die Basis für Krankheiten wie Übergewicht, sondern isoliert Menschen auch gesellschaftlich. Körperliche Fitness ist bis heute ein entscheidender Erfolgsgarant zum Erklimmen der Karriereleiter oder dem Knüpfen neuer Kontakte im Privatleben. Das eine Diät nicht im jedem Fall die Lösung dieses Problems beinhaltet zeigt die Vielzahl der angebotenen Diäten, die neben einem Hungergefühl viel zu oft auch die ungeliebten Pfunde zurücklassen.

Anders verhält es sich mit der kohlenhydratarmen Low Carb Ernährung. Anstatt bestimmte Lebensmittel zu essen oder darauf zu verzichten wird bei dieser Ernährungsumstellung lediglich die Zahl der zu sich genommenen Kohlenhydrate reduziert. In nur zwei Wochen lassen sich so deutliche Abnehmerfolge erzielen, die nicht zu Lasten der Gesundheit gehen. Als wichtigster Helfer erweist sich dabei der Thermomix, der die Rezepte schonend und schnell zubereitet. In oft weniger als 30 Minuten entstehen so Gerichte, welche Low Carb zu einem neuen Standard auf den Teller machen werden.

In meiner Berufspraxis habe ich festgestellt, dass der Entschluss zu einer Ernährung nach den Low Carb Prinzipien in der Regel deutlich schneller gefasst ist als die Umsetzung. Grund dafür ist sehr häufig schlicht das fehlende Wissen über die von nun benötigten Lebensmittel. Durch meine Erfahrung sowohl im Verfassen von Büchern als auch dem Coaching für eine gesunde Ernährung weiß ich, das die Motivation stets am Größten ist, je weniger Zeit zwischen dem Entschluss und der Umsetzung vergeht.

Dieses Kochbuch soll daher als ein Leitfaden für den Einstieg in das Thema kohlenhydratarmer Ernährung dienen. Anstatt nur über die Theorie zu lesen beginnt das Abnehmen hier direkt mit der leckeren Praxis. Die Rezepte verdeutlichen dabei auf simple Weise die Prinzipien der Low Carb Ernährung, indem bewusst Lieblingsgerichte wie Pudding, Pizza oder Spaghetti Bolognese mit einbezogen werden. Überzeugen diese Gerichte beim Geschmackstest, fällt es von Tag zu Tag leichter, sich auf diese neue Küche auch mental einzulassen. Mit der Verwendung des Thermomix ist es mir besonders wichtig auch Menschen, die bisher nur selten gekocht haben zu zeigen, dass Kochen nicht gleichbedeutend mit einem hohen Aufwand oder einem Verlust der Freizeit ist. In diesem Kochbuch finden sich daher bevorzugt simple Rezepte, die dazu einladen, sich näher mit dem Thermomix und der simplen Kochweise zu beschäftigen. Im Fokus steht dabei natürlich trotzdem der Gewichtsverlust, der seit dem ersten Tag der 2 Wochen das erklärte Ziel der Umsetzung der Rezepte ist. Dass dies gelingt beweisen die Erfolgsgeschichten von zahlreichen Menschen wie etwa der 36 jährigen Journalistin Diane:

"Was mit einem Thermomix als Geschenk zu Weihnachten begonnen hat, entwickelte sich innerhalb der nächsten 2 Wochen dank dieses Kochbuchs zu einer perfekten Bikinifigur. Mit der Verringerung von Kohlenhydraten auch auf Übergewicht zu verzichten, war definitiv noch nie so lecker wie mit diesen Rezepten."

Folgen Sie Dianes Beispiel und erleben auch Sie wie stolz Sie auf sich selbst sein können, wenn Sie auf Ihrer eigenen Hochzeit eine gute Figur machen oder die Übergrößenabteilung in Geschäften endlich links liegen lassen können. Der Vorteil der Low Carb Ernährung ist dabei dieses große Ziel ganz ohne Verzicht zu erreichen. Denn Kohlenhydrate machen nur einen sehr geringen Anteil des aktuellen Nahrungsmittelangebots in den Supermärkten aus. Ohne Spezialshops besuchen zu müssen, bleibt also der normale Wochen- und Wochenendeinkauf wie gewohnt erhalten, während sich höchstens die Lebensmittel auf der Einkaufsliste geringfügig verändern. Sollte sich dennoch einmal eine Zutat wie Eiweißpulver oder Zucker in der Zutatenliste finden, lohnt sich ein Blick ins Internet, um diese mit wenigen Klicks zu bestellen und bequem nach Hause geliefert zu bekommen. Die größte Belohnung sind jedoch die Komplimente, die während und nach den 2 Wochen nicht lange auf sich warten lassen wird. Grund dafür ist nicht zuletzt neben einem gesunden Körper auch eine Steigerung des Selbstbewusstseins, dass ganz natürlich nach einem Gewichtsverlust zutage tritt. Lassen Sie sich diese Wohltat für Ihr Selbstbewusstsein nicht entgehen und heißen auch Sie die Low Carb

Ernährung in ihrem Leben willkommen. Von leckerer Antipasti über Paprikagulasch bis zu Zimtröllchen erwartet Sie mit dem Kauf dieses Kochbuchs ein neues Lieblingsrestaurant, welches sich bisher perfekt in ihrer eigenen Küche versteckt hat.

Tipp: Bleiben Sie auf dem Laufenden mit unserem Newsletter. Jetzt unter **http://gesundleben.schnelliebe.com/**eintragen!

JETZT KOSTENLOS ERHÄLTLICH!

Auszug aus dem **Rezeptbuch "Rezepte ohne Kohlenhydrate - 50 Vegetarisch- und Vegan-Rezepte zum Abnehmerfolg in nur 2 Wochen"** jetzt kostenlos erhältlich!

Einfach auf **http://gesundleben.schnelliebe.com/** herunterladen!

Snacks und Brotaufstriche

Möhren-Basilikum Aufstrich

Zutaten für 4 Personen:

- 100 g Möhren
- 50 g Tomatenmark
- 50 g gesalzene Butter
- 25 g Basilikum
- 1 Knoblauchzehe

Zubereitung:

1. Die Möhren und den Knoblauch schälen und in Scheiben schneiden.
2. Bei Stufe 7 zuerst das Gemüse miteinander vermengen und anschließend alle übrigen Zutaten hinzufügen.
3. Nun für 5 Minuten auf Stufe 4 dünsten lassen bis eine gleichmäßig streichfähige Masse entsteht.
4. Der Aufstrich schmeckt sowohl warm als auch kalt und kann auch als Belag für Pizzas und Co. verwendet werden.

Zeit: 15 Minuten
Schwierigkeitsgrad: Leicht

<u>Nährwertangaben pro Person:</u>
Kalorien: 117 kcal
Eiweiß: 1,3 g
Fett: 10,2 g
Kohlenhydrate: 4 g

Rosmarinkäsecreme

Zutaten für 4 Personen:

- 200 g Schafskäse
- 20 g Tomatenmark
- 1 Knoblauchzehe
- 2 EL Olivenöl
- 1 TL Rosmarin

Zubereitung:

1. Den Knoblauch mit dem Rosmarin für 5 Sekunden auf Stufe 5 zerkleinern.
2. Die verbleibenden Zutaten hinzufügen und auf Stufe 4 für 30 Sekunden zu einem cremigen Aufstrich verarbeiten.
3. Der Aufstrich schmeckt auch gut als Dip zum Grillen oder für eine rohe Gemüseplatte.

Zeit: 10 Minuten
Schwierigkeitsgrad: Leicht

Nährwertangaben pro Person:
Kalorien: 199 kcal
Eiweiß: 7,8 g
Fett: 16,1 g
Kohlenhydrate: 1,3 g

Kürbis-Limetten-Marmelade

Zutaten für 4 Personen:

- 200 g Hokkaido Kürbis
- 20 g Gelatinepulver
- 1/2 Biolimette
- 40 ml Wasser

Zubereitung:

1. Das Kürbisfleisch mit der Schale in grobe Würfel schneiden. Diese für 10 Sekunden auf Stufe 5 zerkleinern. Anschließend das Wasser hinzufügen und auf Stufe 2 für 10 Minuten kochen lassen.
2. Den Kürbis nun langsam zuerst auf niedrigeren Stufen und langsam höher werdend für 15 Sekunden pürieren. Nun die Schale der Limette abreiben und gemeinsam mit dem Saft einer halben Limette und der Gelatinenpulver zum Kürbis hinzufügen.
3. Diese Mischung für 5 Minuten auf Stufe 3 kochen lassen und in der Zwischenzeit Einmachgläser bereitstellen. Darin die Marmelade einfüllen und luftdicht verschließen.

Zeit: 30 Minuten
Schwierigkeitsgrad: Leicht

Nährwertangaben pro Person:
Kalorien: 30 kcal
Eiweiß: 4,8 g
Fett: 0,5 g
Kohlenhydrate: 1,4 g

Tomatenquarkaufstrich

Zutaten für 4 Personen:

- 100 g Quark
- 100 g Frischkäse
- 4 getrocknete Tomaten
- 1 Knoblauchzehe
- 1 TL italienische Kräutermischung

Zubereitung:

1. Den Knoblauch für 5 Sekunden auf Stufe 8 zerkleinern. Die getrockneten Tomaten hinzufügen und ebenfalls für 5 Sekunden auf Stufe 5 mit dem Knoblauch vermengen.
2. Die übrigen Zutaten dazugeben und auf Stufe 3 für 10 Minuten zu einem cremigen Aufstrich verarbeiten.

Zeit: 15 Minuten
Schwierigkeitsgrad: Leicht

Nährwertangaben pro Person:
Kalorien: 119 kcal
Eiweiß: 9,2 g
Fett: 6,9 g
Kohlenhydrate: 4,2 g

Haselnuss Amarettini

Zutaten für 4 Personen:

- 200 g gemahlene Mandeln
- 100 g gemahlene Haselnüsse
- 170 g Zuckerersatz wie etwa Xucker
- 3 Eiweiß
- Etwas Salz zum Würzen

Zubereitung:

1. Den Zuckerersatz auf Stufe 10 für etwa 30 Sekunden zu feinem Puderzucker verarbeiten und in einer Schüssel beiseite stellen. Das gleiche mit den Mandeln und Haselnüssen wiederholen sollten diese nicht fein genug gemahlen sein.
2. Die Eiweiß mit einer Prise Salz in den Thermomix geben und für circa 4 Minuten auf Stufe 4 zu Eischnee verarbeiten. Nun in kleinen Portionen den Puderzucker zufügen und auf Stufe 3 weiterverarbeiten. Im Anschluss auch die Haselnuss-Mandel Mischung hinzufügen und für 10 Sekunden auf Stufe 4 miteinander vermengen.

3. Mit einer Spritzform die typische Amarettini auf einem mit Backblech ausgelegtem Backblech formen und in auf 150° vorgeheizten Backofen für 18 Minuten backen.

Zeit: 30 Minuten
Schwierigkeitsgrad: Leicht

Nährwertangaben pro Person:
Kalorien: 495 kcal
Eiweiß: 17 g
Fett: 40 g
Kohlenhydrate: 7 g

Mandel-Vanille Plätzchen

Zutaten für 4 Personen:

- 300 g gemahlene Mandeln

- 100 g Zuckerersatz wie Xucker
- 3 Eier
- 1 Vanilleschote

Zubereitung:

1. Die Eier und den Zuckerersatz auf Stufe 4 für 5 Minuten zu einer goldgelben Creme verarbeiten.
2. In der Zwischenzeit die Vanilleschote auskratzen und diese im Anschluss gemeinsam mit den gemahlenen Mandeln hinzufügen. Diese Mischung eine weitere Minute auf Stufe 4 vermengen.
3. Ein Backblech mit Backpapier auslegen und darauf die Teigmasse mit Hilfe von zwei Löffeln zu Plätzchen formen. Diese im auf 150° vorgeheizten Backofen für 25 Minuten backen.

Zeit: 35 Minuten
Schwierigkeitsgrad: Leicht

Nährwertangaben pro Person:
Kalorien: 510 kcal
Eiweiß: 20,3 g
Fett: 64 g
Kohlenhydrate: 4,5 g

Kokospancakes

Zutaten für 4 Stück:

- 4 Eiweiß
- 2 Eier
- 40 g Kokosflocken
- 100 ml Milch
- 1 Prise Salz

Zubereitung:

1. Die Eiweiß auf Stufe 4 zu Eischnee verarbeiten.

2. Anschließend die übrigen Zutaten miteinander auf Stufe 4 für 1 Minute zu einem gleichmäßigen Teig vermengen. Im Anschluss den Eischnee langsam unterheben.
3. Den Teig nun in einer Pfanne zu Pancakes backen und entweder warm oder abgekühlt servieren.

Zeit: 20 Minuten
Schwierigkeitsgrad: Leicht

Nährwertangaben pro Person:
Kalorien: 128 kcal
Eiweiß: 8,2 g
Fett: 9 g
Kohlenhydrate: 2,3 g

Brot

Zutaten für 1 Brot (4 Personen):

- 500 g Magerquark
- 300 g Weizenkleie
- 6 Eier
- 1 Päckchen Backpulver

Zubereitung:

1. Die Zutaten ausgenommen von Backpulver in den Thermomix rühren und dort für 1 Minute auf der für Teige vorgesehenen Stufe vermischen. Im Anschluss das Backpulver hinzufügen und für eine weitere Minute vermengen.
2. Den fertigen Brotteig in eine eingefettete Form füllen und in dem auf 200° vorgeheizten Ofen für ca. 1 Stunde backen lassen.

Zeit: 65 Minuten
Schwierigkeitsgrad: Leicht

Nährwertangaben pro Person:
Kalorien: 340 kcal
Eiweiß: 37 g
Fett: 11 g
Kohlenhydrate: 20 g

Ajvaraufstrich

Zutaten für 4 Personen:

- 150 g Frischkäse
- 75 g Fetakäse
- 50 g milder Ajvar
- 8 schwarze Oliven
- 1 Knoblauchzehe

Zubereitung:

1. Die geschälte Knoblauchzehe und die entsteinten Oliven in den Thermomix geben und auf Stufe 5 für 15 Sekunden zerkleinern. Im Anschluss den Fetakäse dazugeben und für weitere 15 Sekunden auf Stufe 4 verarbeiten.
2. Nun die übrigen Zutaten hinzufügen und alles auf Stufe 3 zu einem cremigen Aufstrich verarbeiten.

Zeit: 5 Minuten
Schwierigkeitsgrad: Leicht

Nährwertangaben pro Person:
Kalorien: 219 kcal
Eiweiß: 11,4 g
Fett: 17,2 g
Kohlenhydrate: 2,9 g

Kräutercreme

Zutaten für 4 Personen:

- 200 g Fetakäse
- 3 EL Petersilie
- 3 EL Schnittlauch
- 3 EL Olivenöl
- 2 Knoblauchzehen
- Salz und Pfeffer zum Abschmecken

Zubereitung:

1. Den Knoblauch, Petersilie und Schnittlauch in den Thermomix geben und für 5 Sekunden auf Stufe 6 zerkleinern.
2. Anschließend die verbleibenden Zutaten hinzufügen und alles für 30 Sekunden auf Stufe 4 zu einem cremigen Aufstrich verarbeiten. Nach Belieben mit Salz und Pfeffer würzen.

Zeit: 5 Minuten
Schwierigkeitsgrad: Leicht

<u>Nährwertangaben pro Person:</u>
Kalorien: 235 kcal
Eiweiß: 8 g
Fett: 40 g
Kohlenhydrate: 1,5 g

Radieschenaufstrich mit Frühlingszwiebeln

Zutaten für 4 Personen:

- 175 g Frischkäse
- 7 Radieschen
- 4 Frühlingszwiebeln
- Salz und Pfeffer zum Würzen

Zubereitung:

1. Das Gemüse vorbereiten und bereits in Scheiben schneiden. Anschließend Frühlingszwiebeln und Radieschen in den Thermomix füllen und auf Stufe 6 gleichmäßig zerkleinern.
2. Den Frischkäse hinzufügen und alles auf Stufe 4 bis zur gewünschten Konsistenz vermengen. Nun mit Salz und Pfeffer würzen und am besten kalt stellen, damit sich die Aromen noch besser verbinden können.

Zeit: 10 Minuten
Schwierigkeitsgrad: Leicht

<u>Nährwertangaben pro Person:</u>
Kalorien: 155 kcal
Eiweiß: 9,3 g
Fett: 10,5 g
Kohlenhydrate: 4,5 g

Eiweißbrötchen

Zutaten für 4 Personen:

- 350 g gemahlenen Mandeln
- 250 ml Wasser
- 1 Tütchen Backpulver
- 1 Prise Salz

Zubereitung:

1. Die gemahlenen Mandeln auf Stufe 10 für 1 Minute noch feiner mahlen.
2. Die übrigen Zutaten hinzufügen und für 4 Minuten auf der Teigstufe zu einem gleichmäßigen Teig verarbeiten.
3. Den Teig zu Brötchen formen und im auf 175° vorgeheizten Ofen für 40 Minuten backen.

Zeit: 45 Minuten
Schwierigkeitsgrad: Leicht

Nährwertangaben pro Person:
Kalorien: 540 kcal
Eiweiß: 18,3 g
Fett: 47 g
Kohlenhydrate: 5,5 g

Frühstücksmuffins

Zutaten für 4 Personen:

- 200 g Frischkäse
- 75 g Speckwürfel
- 75 g geriebener Käse
- 4 Eier
- 1 EL Schnittlauch

- 1 Prise Pfeffer

Zubereitung:

1. Alle Zutaten in den Thermomix füllen und auf Stufe 4 für 2 Minuten zu einer gleichmäßigen Masse verarbeiten.
2. Die Masse auf Förmchen verteilen und in dem auf 200° vorgeheizten Ofen für 20 Minuten backen. Am besten noch warm servieren.

Zeit: 25 Minuten
Schwierigkeitsgrad: Leicht

Nährwertangaben pro Person:
Kalorien: 320 kcal
Eiweiß: 24,2 g
Fett: 22,2 g
Kohlenhydrate: 2,5 g

Pizza-Snack

Zutaten für 4 Personen:

- 300 g geriebener Käse
- 10 Scheiben Hähnchenbrust
- 3 Eier
- 2 Zucchini
- 1 Zwiebel
- 1 Knoblauchzehe
- 1 Dose Pizzatomaten
- 1 TL italienische Kräuter
- Salz und Pfeffer zum Würzen

Zubereitung:

1. Für den Pizzateig die Zucchini auf Stufe 6 zerkleinern und diese in einem Sieb mit etwas Salz würzen. Nach 10 Minuten hat das Salz der Zucchini die Flüssigkeit entzogen.
2. Die Zucchini zusammen mit den Eiern und dem Käse in den Thermomix geben und mit den Gewürzen auf Stufe 6 für 30 Sekunden vermengen.
3. Den Teig auf einem Backblech verstreichen und für 25 Minuten in dem auf 200° vorgeheizten Ofen backen.
4. In der Zwischenzeit Tomaten, Zwiebel und Knoblauch auf Stufe 5 zerkleinern und für 10 Minuten auf Stufe 1 einkochen.
5. Die Sauce auf dem Belag verstreichen und mit der Hähnchenbrust belegen. Die Pizzasnacks nochmals im Ofen erwärmen oder portionieren und gleich servieren.

Zeit: 40 Minuten
Schwierigkeitsgrad: Leicht

Nährwertangaben pro Person:
Kalorien: 390 kcal
Eiweiß: 36 g

Fett: 22 g
Kohlenhydrate: 7 g

Bananenbrot

Zutaten für 4 Personen:

- 100 g gemahlene Mandeln
- 50 g gehackte Walnüsse
- 4 Eier
- 3 Bananen
- 1 EL Öl
- 1 TL Backpulver
- 1 Prise Salz

Zubereitung:

1. Die Zutaten in den Thermomix füllen und dort für 30 Sekunden auf Stufe 6 zu einem Teig vermischen.
2. Den Teig gleichmäßig in einer Backform verstreichen und für 35 Minuten in dem auf 175° vorgeheizten Ofen backen.

Zeit: 40 Minuten
Schwierigkeitsgrad: Leicht

Nährwertangaben pro Person:
Kalorien: 355 kcal
Eiweiß: 12,4 g
Fett: 26 g
Kohlenhydrate: 4 g

Suppen

Champignoncremesuppe

Zutaten für 4 Personen:

- 250 g frische braune Champignons
- 500 ml Gemüsebrühe
- 250 ml Milch
- 100 ml Sahne
- 40 g Butter
- 2 EL Schnittlauch
- Salz und Pfeffer zum Würzen

Zubereitung:

1. Die Zutaten bis auf die frischen Champignons und den Schnittlauch auf Stufe 2 für 8 Minuten erhitzen.
2. Die Champignons in Scheiben schneiden und in die Suppe geben und für weitere 5 Minuten auf Stufe 2 köcheln lassen. Eine Minute vor Ende der Garzeit den Schnittlauch hinzufügen und noch warm servieren.

Zeit: 15 Minuten
Schwierigkeitsgrad: Leicht

<u>Nährwertangaben pro Person:</u>
Kalorien: 203 kcal
Eiweiß: 4,6 g
Fett: 17 g
Kohlenhydrate: 4,2 g

Bärlauch-Kresse-Suppe

Zutaten für 4 Personen:

- 500 ml Gemüsebrühe
- 100 ml Sahne
- 100 g Crème fraiche
- 50 g Bärlauch
- 3 EL Olivenöl
- 3 Kästen Kresse
- 1 Zwiebel
- 2 Knoblauchzehen
- 1 Prise Muskat
- Salz und Pfeffer zum Würzen

Zubereitung:

1. Zwiebeln und Knoblauch auf Stufe 5 zerkleinern. Im Anschluss das Olivenöl hinzufügen und auf Stufe 1 glasig andünsten.
2. Die Kresse abschneiden und mit dem Bärlauch in dem Thermomix geben. Für eine weitere Minute andünsten und nun die Brühe und die Gewürze hinzufügen. Die Suppe danach für 10 Minuten auf Stufe 3 kochen.
3. Die Suppe auf Stufe 10 pürieren. Mit Sahne und Crème fraîche verfeinern und alles auf Stufe 6 kurz vermengen bis eine gleichmäßige Konsistenz entsteht. Die Suppe im Anschluss noch warm servieren.

Zeit: 30 Minuten
Schwierigkeitsgrad: Leicht

<u>Nährwertangaben pro Person:</u>
Kalorien: 280 kcal
Eiweiß: 2,8 g
Fett: 25,4 g

Kohlenhydrate: 5,5 g

Möhrensuppe mit Orangenaroma

Zutaten für 4 Personen:

- 300 g Möhre
- 1 rote Zwiebel
- 1 Bioorange
- 400 ml Gemüsebrühe
- 100 ml Sahne
- 100 ml Milch
- 2 EL Olivenöl
- Salz und Pfeffer zum Würzen

Zubereitung:

1. Die Möhren und rote Zwiebel schälen und in grobe Scheiben schneiden. Anschließend für 15 Sekunden auf Stufe 5 zerkleinern. Das Olivenöl hinzufügen und für 2 Minuten auf Stufe 3 glasig andünsten.
2. Die Gemüsebrühe hinzufügen und für 15 Minuten auf Stufe 3 kochen lassen. Die restlichen flüssigen Zutaten hinzufügen und auf Stufe 10 so lange pürieren bis die gewünschte Konsistenz erreicht ist.
3. Die Schale und den Saft einer Bioorange hinzufügen und mit Gewürzen nach Wahl abschmecken. Zum Schluss alles auf Stufe 5 für wenige Sekunden vermischen und am besten warm servieren.

Zeit: 30 Minuten
Schwierigkeitsgrad: Leicht

<u>Nährwertangaben pro Person:</u>
Kalorien: 225 kcal
Eiweiß: 3,5 g
Fett: 21 g
Kohlenhydrate: 11 g

Zwiebelsuppe

Zutaten für 4 Personen:

- 250 g Zwiebeln
- 50 g Schmand
- 50 g Butter
- 500 ml Gemüsebrühe
- 250 ml trockener Weißwein
- Salz und Pfeffer zum Würzen

Zubereitung:

1. Die Zwiebeln schälen und vierteln. Diese in den Thermomix geben und auf Stufe 4 für 10 Sekunden zerkleinern. Die Butter hinzufügen und die Zwiebeln auf Stufe 1 für circa 4 Minuten glasig andünsten.
2. Die Gemüsebrühe hinzufügen und alles für etwa 15 Minuten weiter einkochen lassen. Im Anschluss mit Gewürzen abschmecken.
3. Weißwein und Schmand hinzufügen und die Suppe für weitere 5 Minuten köcheln lassen und danach auf Tellern anrichten und warm servieren.

Zeit: 25 Minuten
Schwierigkeitsgrad: Leicht

Nährwertangaben pro Person:
Kalorien: 180 kcal
Eiweiß: 1,4 g
Fett: 13 g
Kohlenhydrate: 3,5 g

Scharffruchtige Kürbissuppe

Zutaten für 4 Personen:

- 500 g Hokkaido Kürbis
- 30 g Butter
- 1 Papaya
- 1 Knoblauchzehe
- 1 Zwiebel
- 1 rote Chili
- 500 ml Gemüsebrühe
- 100 ml Orangensaft
- 125 ml Kokoscreme
- 75 ml Sahne
- Salz und Pfeffer zum Würzen

Zubereitung:

1. Den Kürbis und die Mangos in grobe Stücke schneiden.
2. Die Zwiebel und den Knoblauch auf Stufe 5 zerkleinern. Im Anschluss gemeinsam mit der Butter glasig andünsten. Nun den Kürbis und die Papayastücke hinzufügen. Auf Stufe 6 für 20 Sekunden pürieren.
3. Die Gemüsebrühe, den Orangensaft, die Kokoscreme sowie die in feine Streifen geschnittene Chili hinzufügen. Die Suppe auf Stufe 3 für mindestens 15 Minuten kochen.
4. Danach die Sahne hinzugeben und vor dem Servieren noch kurz für 20 Sekunden auf Stufe 6 mischen, um die Chili perfekt in die Suppe einzubinden. Nach Bedarf mit Salz, Pfeffer oder weiteren Gewürzen abschmecken.

Zeit: 25 Minuten
Schwierigkeitsgrad: Leicht

<u>Nährwertangaben pro Person:</u>
Kalorien: 157 kcal
Eiweiß: 2 g
Fett: 12,2 g

Kohlenhydrate: 7,8 g

Sauerkrautsuppe

Zutaten für 4 Personen:

- 500 g Sauerkraut
- 100 g Schinkenwürfel
- 750 ml Gemüsebrühe
- 1 Paprika
- 1 Möhre
- 1 rote Zwiebel
- 2 Knoblauchzehen
- 1 Dose Pizzatomaten
- 1TL Paprikapulver
- 2 EL Öl
- Salz und Pfeffer zum Würzen

Zubereitung:

1. Zwiebel und Knoblauch auf Stufe 8 für 10 Sekunden zerkleinern. Diese gemeinsam mit den Schinkenwürfeln und dem Öl auf Stufe 2 glasig andünsten.
2. Das Gemüse in Streifen oder Scheiben schneiden und die restlichen Zutaten hinzufügen. Auf Stufe 2 alles für 25 Minuten kochen lassen und am besten noch heiß servieren.

Zeit: 35 Minuten
Schwierigkeitsgrad: Leicht

Nährwertangaben pro Person:
Kalorien: 125 kcal
Eiweiß: 8,4 g
Fett: 7,3 g
Kohlenhydrate: 6 g

Hühnersuppe

Zutaten für 4 Personen:

- 1250 ml Gemüse- oder Hühnerbrühe
- 3 Hähnchenschenkel
- 150 g Sellerie
- 1 Stange Porree
- 2 Möhren

Zubereitung:

1. Die Brühe gemeinsam mit den Hähnchenschenkeln im den Thermomix geben und für 30 Minuten auf Stufe 1 kochen lassen.
2. In der Zwischenzeit das Gemüse würfeln sowie den Porree in Streifen schneiden. Die Hähnchenschenkel nach der Garzeit entnehmen und gegen das Gemüse austauschen. Die Suppe nun weitere 20 Minuten auf Stufe 2 garen lassen.

3. Das Fleisch von den Hähnchenschenkeln ablösen und zur Suppe hinzufügen. Vor dem Servieren nach Geschmack mit Salz, Pfeffer oder weiteren Gewürzen abschmecken.

Zeit: 55 Minuten
Schwierigkeitsgrad: Leicht

Nährwertangaben pro Person:
Kalorien: 230 kcal
Eiweiß: 22,1 g
Fett: 12,9 g
Kohlenhydrate: 4,4 g

Porreesuppe

Zutaten für 4 Personen:

- 2 Stangen Porree
- 1 Zwiebel
- 1000 ml Gemüsebrühe
- 100 ml Crème fraîche
- 100 ml Sahne
- 2 EL Öl
- Salz und Pfeffer zum Würzen

Zubereitung:

1. Porree in Ringe schneiden. Die Zwiebel im Thermomix auf Stufe 10 für 10 Sekunden zerkleinern. Mit dem Porree und Öl für 4 Minuten auf Stufe 1 andünsten.
2. Die Brühe hinzufügen und für 15 Minuten auf Stufe 1 kochen lassen.
3. Die Sahne und Crème fraîche hinzugeben und für 2 Minuten weiterkochen. Vor dem Servieren mit Salz und Pfeffer abschmecken.

Zeit: 15 Minuten
Schwierigkeitsgrad: Leicht

Nährwertangaben pro Person:
Kalorien: 182 kcal
Eiweiß: 3,5 g
Fett: 15,2 g
Kohlenhydrate: 5 g

Tomatensuppe mit Pinienkernen

Zutaten für 4 Personen:

- 500 g Tomaten
- 1 rote Zwiebel
- 1 Knoblauchzehe
- 50 g Tomatenmark
- 75 g Crème fraiche
- 300 ml Gemüsebrühe
- 50 ml Rotwein
- 25 g Pinienkerne

- 10 Blätter Basilikum
- 2 EL Olivenöl
- Salz und Pfeffer zum Würzen

Zubereitung:

1. Die Pinienkerne mit 2 EL Öl für 4 Minuten auf Stufe 2 anrösten und anschließend herausnehmen.
2. Knoblauch und Zwiebel auf Stufe 6 zerkleinern und danach mit etwas Öl auf Stufe 2 glasig andünsten.
3. Die Tomaten, das Tomatenmark sowie 1 Prise Salz und Pfeffer hinzufügen und alles auf Stufe 5 für 10 Sekunden vermischen. Die Brühe und den Wein hinzufügen und für 10 Minuten auf Stufe 2 kochen.
4. Die Suppe auf Tellern anrichten und mit den Pinienkernen, Crème fraîche und Basilikum garnieren.

Zeit: 20 Minuten
Schwierigkeitsgrad: Leicht

<u>Nährwertangaben pro Person:</u>
Kalorien: 179 kcal
Eiweiß: 5,5 g
Fett: 12,5 g
Kohlenhydrate: 7,7 g

Gurkensuppe

Zutaten für 4 Personen:

- 500 g Salatgurke
- 200 g Crème fraiche
- 100 g Flusskrebse
- 125 ml Gemüsebrühe
- 2 EL Weißweinessig

- 1 TL Chilipulver
- Salz und Pfeffer zum Würzen

Zubereitung:

1. Die Gurken schälen und entkernen. Danach in grobe Streifen schneiden und gemeinsam mit den übrigen Zutaten bis auf die Flusskrebse in dem Thermomix geben.
2. Nun für 3 Minuten auf Stufe 6 vermischen bis sich eine gleichmäßige Suppe gebildet hat. Die Suppe mit Salz und Pfeffer würzen und mit den Flusskrebsen auf Tellern anrichten. Die Suppe kann auch im Kühlschrank gelagert und somit gekühlt als sommerliche Hauptspeise serviert werden.

Zeit: 10 Minuten
Schwierigkeitsgrad: Leicht

Nährwertangaben pro Person:
Kalorien: 200 kcal
Eiweiß: 6,9 g
Fett: 15,5 g
Kohlenhydrate: 6,3 g

Gazpacho

Zutaten für 4 Personen:

- 200 g Tomaten
- 200 g Salatgurken
- 30 g geriebener Parmesan
- 2 Frühlingszwiebeln
- 1 Knoblauchzehe
- 2 EL Sherryessig
- 2 EL Olivenöl
- Salz und Pfeffer zum Würzen

Zubereitung:

1. Tomaten und Gurke schneiden und gemeinsam mit den anderen Zutaten in den Thermomix geben.
2. Auf Stufe 6 für 20 Sekunden alles vermischen und mit Salz und Pfeffer abschmecken. Die Suppe anschließend noch im Kühlschrank oder mit Eiswürfeln abkühlen und beim Servieren mit Parmesan bestreuen.

Zeit: 10 Minuten
Schwierigkeitsgrad: Leicht

Nährwertangaben pro Person:
Kalorien: 75 kcal
Eiweiß: 4 g
Fett: 2,4 g
Kohlenhydrate: 4 g

Pikante Zucchinicremesuppe

Zutaten für 4 Personen:

- 2 Zucchini
- 1 Zwiebel
- 1 rote Chili
- 1 Knoblauchzehe
- 1 Bund Petersilie
- 10 Blatt Basilikum
- 300 ml Milch
- 1 TL Gemüsebrühe
- 1 TL Cayennepfeffer
- 1 TL Currypulver
- 1 TL Limettensaft

Zubereitung:

1. Zucchini und Zwiebel in Stücke schneiden und in den Thermomix geben. Gemeinsam mit der Milch und dem Knoblauch zuerst auf Stufe 10 für 60 Sekunden pürieren.
2. Nun auf Stufe 5 für 15 Minuten kochen lassen. Kurz vor Ende der Garzeit die kleingehackten Kräuter hinzufügen und für weitere 5 Minuten kochen. Im Anschluss noch warm servieren.

Zeit: 30 Minuten
Schwierigkeitsgrad: Leicht

<u>Nährwertangaben pro Person:</u>
Kalorien: 180 kcal
Eiweiß: 3,2 g
Fett: 15,5 g
Kohlenhydrate: 5,5 g

Blumenkohlsuppe

Zutaten für 4 Personen:

- 1 Blumenkohl
- 1 Zwiebel
- 1 Knoblauchzehe
- 1 Möhre
- 750 ml Gemüsebrühe
- 100 mg Crème fraiche
- 50 ml Sahne
- Öl
- Salz und Pfeffer zum Würzen

Zubereitung:

1. Zwiebel und Knoblauch auf Stufe 5 für 10 Sekunden zerkleinern. Danach mit etwas Öl auf Stufe 1 für 2 Minuten glasig andünsten.
2. Blumenkohl und Möhren zerkleinern und gemeinsam mit der Brühe für 15 Minuten auf Stufe 2 kochen.
3. Sahne und Crème fraîche hinzufügen und alles noch einmal pürieren bis die gewünschte Konsistenz erreicht ist. Anschließend mit Salz und Pfeffer abschmecken.

Zeit: 20 Minuten
Schwierigkeitsgrad: Leicht

<u>Nährwertangaben pro Person:</u>
Kalorien: 150 kcal
Eiweiß: 4,1 g
Fett: 11,5 g
Kohlenhydrate: 5 g

Hackeintopf

Zutaten für 4 Personen:

- 400 g gemischtes Hack
- 250 g Kohlrabi

- 100 g Möhren
- 50 g Tomatenmark
- 1 rote Zwiebel
- 500 ml Gemüsebrühe
- 1 TL Kräutermischung
- 1 TL Paprikapulver
- 1 TL Knoblauchpulver
- Salz und Pfeffer zum würzen

Zubereitung:

1. Die Zwiebel für 5 Sekunden auf Stufe 5 zerkleinern. Auf Stufe 1 mit etwas Öl für 2 Minuten glasig andünsten.
2. Das Hackfleisch im Thermomix anbraten und dann die in Stücke geschnittenen Möhren und Kohlrabi hinzufügen. Für 25 Minuten mit den restlichen Zutaten auf Stufe 1 kochen lassen und danach auf Tellern anrichten.

Zeit: 30 Minuten
Schwierigkeitsgrad: Leicht

<u>Nährwertangaben pro Person:</u>
Kalorien: 279 kcal
Eiweiß: 21,6 g
Fett: 16,2 g
Kohlenhydrate: 6,2 g

Kohlrabisuppe

Zutaten für 4 Personen:

- 300 g Kohlrabi
- 1 kleine Zwiebel
- 250 ml Gemüsebrühe
- 50 g Cremefine
- 25 g Mandelblättchen

- Salz und Pfeffer zum Würzen

Zubereitung:

1. Die Kohlrabi schneiden und gemeinsam mit der Zwiebel auf Stufe 5 für 10 Sekunden zerkleinern.
2. Mit etwas Öl auf Stufe 2 andünsten und im Anschluss mit Gemüsebrühe sowie den Gewürzen aufschütten.
3. Für weitere 20 Minuten kochen lassen und danach für 15 Sekunden auf Stufe 3 pürieren. Vor dem Servieren mit dem Mandelblättchen garnieren.

Zeit: 25 Minuten
Schwierigkeitsgrad: Leicht

Nährwertangaben pro Person:
Kalorien: 98 kcal
Eiweiß: 3,3 g
Fett: 7,4 g
Kohlenhydrate: 4 g

Salate

Eiersalat

Zutaten für 4 Personen:

- 4 Eier
- 100 g Crème fraiche
- 100 g Kochschinken
- 1 EL Senf
- 1 TL Petersilie
- 1 TL Schnittlauch
- Salz und Pfeffer zum Würzen

Zubereitung:

1. Die hartgekochten Eier zusammen mit dem gekochten Schinken im Thermomix auf Stufe 6 zerkleinern.
2. Crème fraîche und Senf hinzufügen und alles auf Stufe 2 kurz miteinander vermengen. Vor dem Servieren noch die frischen gehackten Kräuter hinzufügen und mit Gewürzen abschmecken, danach entweder gleich servieren oder im Kühlschrank aufbewahren.

Zeit: 5 Minuten
Schwierigkeitsgrad: Leicht

<u>Nährwertangaben pro Person:</u>
Kalorien: 171 kcal
Eiweiß: 11,4 g
Fett: 13,2 g

Kohlenhydrate: 1,6 g

Wurst-Käse-Salat

Zutaten für 4 Personen:

- 200 g Schinkenwurst
- 150 g Gouda
- 75 g Silberzwiebeln
- 10 Cornichons
- 4 EL weißer Balsamicoessig
- 5 EL Olivenöl
- 1 TL süßer Senf
- 1 Msp Honig
- Salz und Pfeffer zum Würzen

Zubereitung:

1. Den Essig, Olivenöl, Honig, Senf und jeweils 1 Prise Salz und Pfeffer auf Stufe 5 für 8 Sekunden zu einem Dressing vermischen.
2. Wurst und Käse in mundgerechte Stücke schneiden und gemeinsam mit den Cornichons auf Stufe 5 für wenige Sekunden zerkleinern. Diesem Salat nun die Silberzwiebeln unterheben und entweder servieren oder im Kühlschrank aufbewahren.

Zeit: 10 Minuten
Schwierigkeitsgrad: Leicht

<u>Nährwertangaben pro Person:</u>
Kalorien: 400 kcal
Eiweiß: 18 g
Fett: 42 g
Kohlenhydrate: 3,7 g

Fruchtiger Rotkohlsalat

Zutaten für 4 Personen:

- 500 g Rotkohl
- 150 g Joghurt
- 1 Apfel
- 2 EL Balsamicoessig
- 1 EL Zitronensaft
- 1 El Honig
- Salz und Pfeffer zum Würzen

Zubereitung:

1. Den Rotkohl und den Apfel vorbereiten und dafür alle harten und holzigen Stellen entfernen. Grob zerteilen und für 10 Sekunden auf Stufe 6 zerkleinern.
2. Die übrigen Zutaten hinzufügen und für weitere 5 Sekunden auf Stufe 6 vermischen. Den Salat nun abschmecken und servieren oder kühl lagern.

Zeit: 10 Minuten
Schwierigkeitsgrad: Leicht

Nährwertangaben pro Person:
Kalorien: 152 kcal
Eiweiß: 3,9 g
Fett: 11,9 g
Kohlenhydrate: 6,8 g

Käsesalat

Zutaten für 4 Personen:

- 100 g Gouda
- 100 g Tilsiter

- 100 g Maasdamer
- 1 rote Paprika
- 1 grüne Paprika
- 1 Dose Mais
- 3 EL Öl
- 3 EL Essig
- Salz und Pfeffer zum Würzen

Zubereitung:

1. Die Paprika vierteln und für wenige Sekunden auf Stufe 5 zerkleinern.
2. Anschließend die übrigen Zutaten hinzufügen auf Stufe 4 für maximal 10 Sekunden zu einem fertigen Salat vermischen.

Zeit: 10 Minuten
Schwierigkeitsgrad: Leicht

<u>Nährwertangaben pro Person:</u>
Kalorien: 370 kcal
Eiweiß: 22 g
Fett: 39 g
Kohlenhydrate: 4,2 g

Krautsalat

Zutaten für 4 Personen:

- 350 g Weißkohl
- 150 g Möhren
- 50 g Crème fraiche
- 50 ml Öl
- 3 TL Senf
- 2 EL Essig
- Salz, Pfeffer und Zucker zum Würzen

Zubereitung:

1. Kohl und Möhren vorbereiten und dafür von den Schalen und holzigen Blättern befreien und grob zerkleinern.
2. Die übrigen Zutaten für 15 Sekunden auf Stufe 6 vermischen.
3. Anschließend das vorbereitete Gemüse hinzufügen und ebenfalls auf Stufe 5 für 5 Sekunden weiterverarbeiten und danach vor dem Servieren mit den Gewürzen abschmecken.

Zeit: 10 Minuten
Schwierigkeitsgrad: Leicht

Nährwertangaben pro Person:
Kalorien: 190 kcal
Eiweiß: 2 g
Fett: 16,4 g
Kohlenhydrate: 6,2 g

Brokkolisalat

Zutaten für 4 Personen:

- 250 g Brokkoli
- 1 grüne Paprika
- 30 g Parmesan
- 30 g Pinienkerne
- 25 ml Olivenöl
- 15 ml weißer Balsamico
- 1 TL Honig
- 1 TL Senf
- Salz und Pfeffer zum Würzen

Zubereitung:

1. Das Gemüse in kleine Stücke schneiden und kurz beiseite stellen.

2. Die restlichen Zutaten im Thermomix auf Stufe 4 für 10 Sekunden zu einem Dressing verarbeiten.
3. Das Gemüse hinzufügen und für weitere 5 Sekunden vermengen. Vor dem Servieren mit Salz und Pfeffer abschmecken.

Zeit: 10 Minuten
Schwierigkeitsgrad: Leicht

<u>Nährwertangaben pro Person:</u>
Kalorien: 175 kcal
Eiweiß: 7,3 g
Fett: 11,8 g
Kohlenhydrate: 6,2 g

Rote Bete Salat

Zutaten für 4 Personen:

- 300 g Rote Bete
- 100 g Johannisbeere
- 100 g geriebener Käse
- 150 g Crème fraiche
- 2 TL Zitronensaft
- 1 TL Honig
- Salz und Pfeffer zum Würzen

Zubereitung:

1. Die Rote Bete in grobe Stücke schneiden.
2. Gemeinsam mit den übrigen Zutaten in den Thermomix geben und für 15 Sekunden auf Stufe 3 vermengen. Vor dem Servieren mit Salz und Pfeffer abschmecken.

Zeit: 20 Minuten
Schwierigkeitsgrad: Leicht

<u>Nährwertangaben pro Person:</u>
Kalorien: 190 kcal

Eiweiß: 10,2 g
Fett: 15,9 g
Kohlenhydrate: 9,8 g

Cremiger Obstsalat

Zutaten für 4 Personen:

- 200 g Quark
- 100 g Stachelbeeren
- 100 g Johannisbeeren
- 100 g Himbeeren
- 100 g Rhabarber
- 50 g Crème Fraiche
- 4 EL Himbeeressig
- 1 Prise weißer Pfeffer

Zubereitung:

1. Das Obst in grobe Stücke schneiden. Diese Obststücke in den Thermomix füllen und auf Stufe 5 für 5 Sekunden weiter zerkleinern.
2. Den Obstsalat mit dem Himbeeressig und weißen Pfeffer vermischen und schlussendlich nur noch die frischen Himbeeren hinzufügen und in einer Schüssel oder einzelnen Portionen servieren.

Zeit: 20 Minuten
Schwierigkeitsgrad: Leicht

Nährwertangaben pro Person:
Kalorien: 140 kcal
Eiweiß: 6 g
Fett: 9 g
Kohlenhydrate: 8 g

Kohlrabissalat

Zutaten für 4 Personen:

- 300 g Kohlrabi
- 150 g Fetakäse
- 50 g gehackte Walnüsse
- 3 TL Öl
- 3 TL Walnussessig
- Salz, Pfeffer und Zucker zum Würzen

Zubereitung:

1. Die Kohlrabis grob zerkleinern und im Thermomix mit den übrigen Zutaten für 5 Sekunden auf Stufe 5 zerkleinern.
2. Vor dem servieren nach Belieben mit Salz, Pfeffer und Zucker würzen.

Zeit: 15 Minuten
Schwierigkeitsgrad: Leicht

Nährwertangaben pro Person:
Kalorien: 265 kcal
Eiweiß: 9,8 g
Fett: 22,7 g
Kohlenhydrate: 4,1 g

Staudenselleriesalat

Zutaten für 4 Personen:

- 300 g Staudensellerie
- 100 g Möhren
- 100 g Ziegenkäse
- 100 g Joghurt
- 20 g Zitronensaft
- Salz, Pfeffer und Zucker zum Würzen

Zubereitung:

1. Möhren und Staudensellerie vorbereiten und grob zerkleinern.
2. Mit den anderen Zutaten zusammen für 10 Sekunden auf Stufe 5 zerkleinern. Vor dem Servieren mit Salz, Pfeffer und Zucker abschmecken.

Zeit: 15 Minuten
Schwierigkeitsgrad: Leicht

<u>Nährwertangaben pro Person:</u>
Kalorien: 154 kcal
Eiweiß: 7,2 g
Fett: 6,4 g
Kohlenhydrate: 3,9 g

Tomatensalat

Zutaten für 4 Personen:

- 250 g Tomaten
- 250 g Artischockenherzen
- 250 g Mozzarellakugeln
- 6 EL Olivenöl

- 6 EL Balsamicoessig
- Salz, Pfeffer und Zucker zum Würzen

Zubereitung:

1. Die Tomaten vierteln und gemeinsam mit den Artischocken in eine Schüssel geben.
2. Alle flüssigen Zutaten auf Stufe 5 für 5 Sekunden vermischen. Mit den Gewürzen abschmecken und für weitere 5 Sekunden mischen.
3. Die Mozzarellakugeln und das Dressing zum Salat hinzufügen und vor dem servieren alles gut miteinander vermischen.

Zeit: 20 Minuten
Schwierigkeitsgrad: Leicht

Nährwertangaben pro Person:
Kalorien: 240 kcal
Eiweiß: 13 g
Fett: 18,6 g
Kohlenhydrate: 5 g

Petersilienwurzelsalat

Zutaten für 4 Personen:

- 500 g Petersilienwurzel
- 100 g Speckwürfel
- 30 g Parmesan
- 1 Zwiebel
- 1 Liter Gemüsebrühe
- 3 EL Öl
- 3 EL Essig
- 2 EL Petersilie
- 1 EL Senf
- Salz und Pfeffer zum Abschmecken

Zubereitung:

1. Die Petersilienwurzel schälen und in gleich dicke Scheiben schneiden. Diese in den Garkorb legen und dort in 1 Liter Gemüsebrühe langsam garen lassen.
2. Die Zwiebel für 5 Sekunden auf Stufe 5 zerkleinern und gemeinsam mit den Speckwürfeln und etwas Öl auf Stufe 1 glasig andünsten.
3. In einer Schüssel Essig, Öl, Senf und Gewürze zu einem Dressing mischen und die Petersilienwurzel darin marinieren. Anschließend noch die Petersilie sowie Speck und Zwiebel hinzufügen und vor dem Servieren mit dem Parmesan bestreuen.

Zeit: 30 Minuten
Schwierigkeitsgrad: Leicht

Nährwertangaben pro Person:
Kalorien: 174 kcal
Eiweiß: 12,1 g
Fett: 10,4 g
Kohlenhydrate: 8 g

Selleriesalat

Zutaten für 4 Personen:

- 300 g Knollensellerie
- 100 g Möhren
- 100 g Fenchel
- 200 g Joghurt
- 3 EL Mayonnaise
- Salz und Pfeffer zum Würzen

Zubereitung:

1. Möhren, Sellerie und Fenchel vorbereiten und in grobe Stücke schneiden. Auf Stufe 5 alles für 5 Sekunden weiter zerkleinern.

2. Den Joghurt und die Mayonnaise hinzufügen und für weitere 5 Sekunden vermischen. Vor dem Servieren mit Salz und Pfeffer abschmecken.

Zeit: 20 Minuten
Schwierigkeitsgrad: Leicht

<u>Nährwertangaben pro Person:</u>
Kalorien: 137 kcal
Eiweiß: 4,6 g
Fett: 9,7 g
Kohlenhydrate: 6,8 g

Feldsalat

Zutaten für 4 Personen:

- 500 g Feldsalat
- 200 g gegarte Schwarzwurzel
- 1 rote Zwiebel
- 3 EL Olivenöl
- 3 EL Essig nach Wahl
- Salz und Pfeffer zum Würzen

Zubereitung:

1. Den Feldsalat waschen und gemeinsam mit der Schwarzwurzel in eine Schüssel geben.
2. Die Zwiebel auf Stufe 5 für 5 Sekunden zerkleinern und im Anschluss Öl und Essig hinzufügen und für weitere 5 Sekunden auf Stufe 3 mischen.
3. Das Dressing mit Salz und Pfeffer abschmecken und vor dem Servieren mit dem Salat vermischen.

Zeit: 10 Minuten
Schwierigkeitsgrad: Leicht

<u>Nährwertangaben pro Person:</u>
Kalorien: 91 kcal
Eiweiß: 3,4 g
Fett: 7 g
Kohlenhydrate: 2,9 g

Gyrossalat

Zutaten für 4 Personen:

- 250 g pfannenfertiges Gyros
- 1 Salatgurke
- 1 Knoblauchzehe
- 2 Chicorée
- 200 g Joghurt

Zubereitung:

1. Das Gyros mit etwas Öl auf Stufe 1 so lange anbraten bis es vollständig durchgegart ist.
2. In der Zwischenzeit die Gurke schälen, entkernen und in feine Würfel schneiden. Den Knoblauch pressen und mit dem Joghurt und der Gurke mischen. Den Chicorée in einzelne Blätter aufteilen.
3. Das Gyros etwas abkühlen lassen und mit dem Dressing vermischen und alles in den Salatblättern anrichten.

Zeit: 25 Minuten
Schwierigkeitsgrad: Leicht

<u>Nährwertangaben pro Person:</u>
Kalorien: 250 kcal
Eiweiß: 33 g
Fett: 7,8 g
Kohlenhydrate: 8,2 g

Vegetarische Gerichte

Flammkuchen

Zutaten für 4 Personen:

- 150 g geriebener Gouda
- 125 g Speisequark
- 75 g Creme Fraiche
- 2 Eier
- 2 EL Schnittlauch
- 1 EL gemahlene Mandeln

Zubereitung:

1. Den geriebenen Käse gemeinsam mit den Mandeln, Eiern und Quark auf Stufe 4 zu einer gleichmäßigen Masse verarbeiten.
2. Diese auf ein mit Backpapier ausgelegtes Backblech streichen und für 15 Minuten im auf 180° vorgeheizten Ofen backen.
3. In der Zwischenzeit den frischen Schnittlauch in feine Ringe schneiden. Das Creme Fraiche auf dem Teig verteilen und diesen mit dem Schnittlauch belegen. Für weitere 15 Minuten bei 150° backen und noch warm servieren.

Zeit: 40 Minuten
Schwierigkeitsgrad: Leicht

<u>Nährwertangaben pro Person:</u>
Kalorien: 327 kcal
Eiweiß: 19,8 g
Fett: 25 g
Kohlenhydrate: 4,7 g

Selleriepüree

Zutaten für 4 Personen:

- 400 g Knollensellerie
- 500 ml Wasser
- 100 ml Kokosmilch
- Salz, Pfeffer und Muskat zum Würzen

Zubereitung:

1. Die Sellerie schälen und in gleichgroße Stücke schneiden. Diese mit dem Wasser in den Thermomix geben und dort für 20 Minuten auf Stufe 1 garen.
2. Den Sellerie abtropfen lassen und auf Stufe 8 so lange zerkleinern bis ein Püree entsteht. Diesem die Kokosmilch hinzufügen und

nochmals etwa 25 Sekunden vermischen. Vor dem Servieren mit Salz, Pfeffer und Muskat abschmecken.

Zeit: 30 Minuten
Schwierigkeitsgrad: Leicht

<u>Nährwertangaben pro Person:</u>
Kalorien: 100 kcal
Eiweiß: 2,4 g
Fett: 7,8 g
Kohlenhydrate: 3 g

Blumenkohlreis

Zutaten für 4 Personen:

- 1 Blumenkohl
- Etwas Butter
- Salz, Pfeffer und Muskat zum Würzen

Zubereitung:

1. Den Blumenkohl in Röschen schneiden und auf Stufe 5 für 5 Sekunden zerkleinern.
2. Die Blumenkohlkörner in den Gareinsatz geben, 500 ml Wasser hinzufügen und für 10 Minuten auf Stufe 1 garen.
3. Mit etwas Butter verfeinern und nach Geschmack mit Gewürzen abschmecken.

Zeit: 20 Minuten
Schwierigkeitsgrad: Leicht

<u>Nährwertangaben pro Person:</u>
Kalorien: 72 kcal
Eiweiß: 3 g
Fett: 5 g
Kohlenhydrate: 2,9 g

Zwiebelkuchen

Zutaten für 4 Personen:

- 400 g Frischkäse
- 400 g rote Zwiebeln
- 100 g geriebener Gouda
- 4 Eier
- Salz und Pfeffer zum Würzen

Zubereitung:

1. Die Zwiebeln vierteln und gemeinsam im Thermomix für 5 Sekunden auf Stufe 5 zerkleinern. Danach mit etwas Öl oder Butter auf Stufe 1 glasig andünsten.
2. Den Frischkäse, die Eier, 50 g Gouda sowie die Gewürze hinzufügen und für 15 Sekunden auf Stufe 3 vermischen. Die Masse anschließend in eine Backform geben, glatt verstreichen und mit dem restlichen Käse bestreuen.
3. Im auf 175° vorgeheizten Ofen für 45 Minuten backen und noch warm servieren.

Zeit: 50 Minuten
Schwierigkeitsgrad: Leicht

<u>Nährwertangaben pro Person:</u>
Kalorien: 510 kcal
Eiweiß: 33 g
Fett: 36 g
Kohlenhydrate: 7,9 g

Spargel

Zutaten für 4 Personen:

- 1 kg Spargel

- 250 g Quark
- 1 Bund Frühlingszwiebeln
- Etwas Zitronensaft
- Salz und Pfeffer zum Würzen

Zubereitung:

1. Den Spargel schälen und mit etwas Wasser, Salz und Zitronensaft auf Stufe 1 für 30 Minuten garen.
2. In der Zwischenzeit den Quark mit den in feinen Streifen geschnittenen Frühlingszwiebeln vermengen und nach Belieben mit Salz, Pfeffer oder weiteren Gewürzen verfeinern.
3. Nach dem Garen Spargel und Quark gemeinsam anrichten und servieren.

Zeit: 40 Minuten
Schwierigkeitsgrad: leicht
Kalorien: 156
Eiweiß: 11 g
Fett: 6,9 g
Kohlenhydrate: 9,1 g

Paprikagemüse

Zutaten für 4 Personen:

- 3 Paprikaschoten (rot, gelb und grün)
- 1 Zucchini
- 1 Möhre
- 1 Gemüsezwiebel
- 1 Knoblauchzehe
- 1 Dose Tomaten
- 150 g Fetawürfel
- 500 ml Gemüsebrühe
- 2 EL Tomatenmark
- 1 TL italienische Kräutermischung

- Salz und Pfeffer zum Würzen

Zubereitung:

1. Das Gemüse schälen und in mundegerechte Stücke schneiden. Alles in den Thermomix geben und dort die Dose Tomaten und die Gemüsebrühe hinzufügen. Auf Stufe 2 für 20 Minuten kochen.
2. Die italienischen Kräuter und das Tomatenmark hinzufügen und für 5 Sekunden auf Stufe 5 kurz vermischen. Mit Salz und Pfeffer würzen sowie mit den Fetawürfeln garnieren.

Zeit: 35 Minuten
Schwierigkeitsgrad: Leicht

Nährwertangaben pro Person:
Kalorien: 150 kcal
Eiweiß: 10 g
Fett: 9,4 g
Kohlenhydrate: 8,1 g

Bärlauchpesto

Zutaten für 4 Personen:

- 1 Bund Bärlauch
- 50 g Parmesan
- 25 g Pinienkerne
- 75 ml Olivenöl

Zubereitung:

1. Den Parmesan auf Stufe 10 für 15 Sekunden fein zerkleinern.
2. Die übrigen Zutaten hinzufügen und für 30 Sekunden auf Stufe 7 zum fertigen Bärlauchpesto weiterverarbeiten.

Zeit: 10 Minuten

Schwierigkeitsgrad: Leicht

Nährwertangaben pro Person:
Kalorien: 260 kcal
Eiweiß: 6,7 g
Fett: 25,3 g
Kohlenhydrate: 4 g

Antipasti

Zutaten für 4 Personen:

- 2 rote Paprikas
- 2 grüne Paprikas
- 400 g Champignons
- 1 Knoblauchzehe
- 500 ml Wasser
- 3 EL Olivenöl
- 3 EL Balsamicoessig
- Basilikum zum dekorieren
- Salz und Pfeffer zum Würzen

Zubereitung:

1. Das Gemüse in mundgerechte Stücke schneiden und in den Garkorb legen. 500 ml Wasser in den Thermomix geben und für 20 Minuten auf Stufe 1 garen. Nach der Garzeit in eine Schüssel geben.
2. Nun den Knoblauch mit dem Essig sowie Gewürzen für 10 Sekunden auf Stufe 6 vermischen. Das Gemüse mit dem Dressing vermischen und für 15 Minuten vor dem Servieren marinieren lassen.

Zeit: 25 Minuten
Schwierigkeitsgrad: Leicht

Nährwertangaben pro Person:

Kalorien: 102 kcal
Eiweiß: 2,5 g
Fett: 8 g
Kohlenhydrate: 4,7 g

Ratatouille

Zutaten für 4 Personen:

- 250 g Auberginen
- 250 g Zucchini
- 4 Tomaten
- 1 Paprika
- 2 Knoblauchzehen
- 1 Gemüsezwiebel
- Olivenöl
- 1 EL italienische Kräutermischung
- Salz, Pfeffer und Zuckerersatz zum Würzen

Zubereitung:

1. Die Gemüsezwiebel und den Knoblauch im Thermomix für 8 Sekunden auf Stufe 5 zerkleinern. Mit etwas Olivenöl auf Stufe 1 glasig dünsten.
2. Das Gemüse in mundgerechte Stücke zerkleinern und für weitere 20 Minuten garen lassen. Kurz vor Ende der Garzeit die Kräutermischung hinzufügen und vor dem Servieren mit Gewürzen abschmecken.

Zeit: 30 Minuten
Schwierigkeitsgrad: Leicht

<u>Nährwertangaben pro Person:</u>
Kalorien: 110 kcal
Eiweiß: 3,1 g
Fett: 6,8 g

Kohlenhydrate: 6,2 g

Rahmspinat

Zutaten für 4 Personen:

- 500 g frischer Spinat
- 1 Bund Bärlauch
- 1 Zwiebel
- 500 ml Gemüsebrühe
- 100 ml Sahne
- 20 g Butter
- Salz, Pfeffer und Muskat zum Würzen

Zubereitung:

1. Den Spinat und den Bärlauch in den Garkorb geben. Die Gemüsebrühe in den Thermomix geben und auf Stufe 2 für 30 Minuten garen. Die Brühe nach der Garzeit aufheben.
2. Die Zwiebel für 5 Sekunden auf Stufe 5 zerkleinern und anschließend mit etwas Butter glasig andünsten. 200 ml Brühe mit der Sahne für 5 Minuten auf Stufe 2 zum Kochen bringen.

3. Nach Belieben den Spinat auf Stufe 5 zerkleinern und vor dem Servieren und Salz, Pfeffer und Muskat abschmecken.

Zeit: 45 Minuten
Schwierigkeitsgrad: Leicht

Nährwertangaben pro Person:
Kalorien: 200 kcal
Eiweiß: 7,8 g
Fett: 17 g
Kohlenhydrate: 3,5 g

Zucchinitaler

Zutaten für 4 Personen:

- 1 Zucchini
- 100 g eingelegte Paprika
- 75 g Parmesan
- 50 g geröstete Pinienkerne
- 1 EL italienische Kräuter

Zubereitung:

1. Die Paprikas auf einem Küchentuch abtropfen lassen und gründlich von Öl befreien. In der Zwischenzeit Parmesan, Pinienkerne und die Kräutermischung auf Stufe 8 für 45 Sekunden zerkleinern. Die Paprika hinzufügen und für weitere 15 Sekunden mischen.
2. Die Zucchinis zu Talern schneiden und auf einem Backblech auslegen. Die Paprikamasse darauf verteilen und für 25 Minuten im auf 175° vorgeheizten Backofen backen.

Zeit: 35 Minuten
Schwierigkeitsgrad: Leicht

Nährwertangaben pro Person:
Kalorien: 176 kcal
Eiweiß: 11 g
Fett: 12,1 g
Kohlenhydrate: 4,5 g

Romanesco in Frischkäsesauce

Zutaten für 4 Personen:

- 1 kg Romanesco
- 1 Liter Gemüsebrühe
- 200 g Frischkäse
- Salz, Pfeffer und Muskatnuss zum Würzen

Zubereitung:

1. Den Romanesco in Röschen schneiden und in den Garkorb legen. Die Gemüsebrühe in den Thermomix füllen und für 25 Minuten auf Stufe 1 garen.
2. 400 ml Brühe mit dem Frischkäse auf Stufe 10 für 10 Sekunden vermischen. Die Sauce mit Salz, Pfeffer und Muskat abschmecken und vor dem Servieren nochmals auf Stufe 1 kurz aufkochen.

Zeit: 35 Minuten
Schwierigkeitsgrad: Leicht

Nährwertangaben pro Person:
Kalorien: 224 kcal
Eiweiß: 20 g
Fett: 12,8 g
Kohlenhydrate: 7,5 g

Brokkolipüree

Zutaten für 4 Personen:

- 1 kg Brokkoli
- 1 Liter Gemüsebrühe
- 100 g Creme Fraiche
- 75 g Parmesan
- Salz, Pfeffer und Muskatnuss zum Würzen

Zubereitung:

1. Den Brokkoli in Röschen schneiden und in den Garkorb füllen. Die Gemüsebrühe hinzufügen und für 25 Minuten auf Stufe 1 garen.
2. Danach Creme Fraiche und Parmesan gemeinsam mit dem Brokkoli für 30 Sekunden auf Stufe 6 pürieren und mit den Gewürzen nach Belieben abschmecken.

Zeit: 35 Minuten
Schwierigkeitsgrad: Leicht

Nährwertangaben pro Person:
Kalorien: 225 kcal
Eiweiß: 16 g
Fett: 13,4 g
Kohlenhydrate: 6,8 g

Gemüsenudeln mit Pistazienpesto

Zutaten für 4 Personen:

- 300 g Möhren
- 100 g Pistazien
- 100 g Parmesan
- 75 ml Olivenöl
- Salz und Pfeffer zum Würzen

Zubereitung:

1. Pistazien, Parmesan und Öl auf Stufe 8 für 15 Sekunden zu einem Pesto verarbeiten und in einer kleinen Schüssel durchziehen lassen.
2. Die Möhren schälen und mit Hilfe eines Sparschälers in Form von Bandnudeln schneiden. Mit einem Liter Wasser und etwas Salz auf Stufe 1 für etwa 10 Minuten garen. Die Nudeln mit dem Pesto anrichten und noch warm servieren.

Zeit: 25 Minuten

Schwierigkeitsgrad: Leicht

Nährwertangaben pro Person:
Kalorien: 450 kcal
Eiweiß: 15 g
Fett: 40 g
Kohlenhydrate: 6,5 g

Blumenkohlpizza

Zutaten für 4 Personen:

- 400 g Blumenkohl
- 275 g geriebener Gouda
- 150 g Mozzarella
- 100 ml Bärlauchpesto
- 3 Eier
- Salz und Pfeffer zum Würzen

Zubereitung:

1. Den Blumenkohl in Röschen schneiden und für 10 Sekunden auf Stufe 6 zerkleinern. Die Brösel in den Garkorb geben, 750 ml Wasser oder Gemüsebrühe hinzufügen und für 10 Minuten auf Stufe 1 kochen.
2. Das Garwasser entfernen. Käse und Eier gemeinsam mit einer Prise Salz und Pfeffer hinzufügen. Auf Stufe 4 für 15 Sekunden zu einem Teig verarbeiten. Diesen auf einem mit Backpapier ausgelegtem Backblech gleichmäßig verstreichen. Für 15 Minuten bei 200° im Ofen backen.
3. Das Bärlauchpesto darauf verstreichen und den Mozzarella in Scheiben schneiden und darauf verteilen. Für weitere 5-10 Minuten backen, bis der gewünschte Bräunungsgrad erreicht ist.

Zeit: 25 Minuten

Schwierigkeitsgrad: Leicht

Nährwertangaben pro Person:
Kalorien: 550 kcal
Eiweiß: 31 g
Fett: 44 g
Kohlenhydrate: 4,5 g

Fischgerichte

Zander mit grünem Spargel

Zutaten für 4 Personen:

- 500 g grüner Spargel
- 4 frische Zanderfilets
- 5 EL Butter
- Salz, Zuckerersatz, Pfeffer und Zitronensaft zum Würzen

Zubereitung:

1. Die holzigen Enden des Spargels entfernen und in den Garkorb legen. 1 Liter Wasser mit Zitronensaft, Salz und Zuckerersatz würzen und auf Stufe 1 den Spargel für 20 Minuten dünsten.
2. In der Zwischenzeit den Fisch mit Salz und Pfeffer würzen und in einer Pfanne mit etwas Butter anbraten. Zuerst immer die Hautseite anbraten und erst nach circa 4 Minuten kurz für etwa 90 Sekunden die zweite Seite anbraten, so dass der Fisch nicht zu trocken ist.
3. Die restliche Butter in der Pfanne schmelzen und im Anschluss über dem Spargel und dem Zanderfilet verteilen und noch warm servieren.

Zeit: 40 Minuten
Schwierigkeitsgrad: Leicht

<u>Nährwertangaben pro Person:</u>
Kalorien: 550 kcal
Eiweiß: 4,8 g
Fett: 52 g

Kohlenhydrate: 4,1 g

Fischcurry

Zutaten für 4 Personen:

- 500 g Seeelachsfilet
- 300 g Möhren
- 2 Porreestangen
- 1 Gemüsezwiebel
- 400 ml Kokosmilch
- 100 ml Wasser
- 3 TL Currypulver
- Öl
- Salz und Pfeffer zum Würzen

Zubereitung:

1. Zwiebel und Möhren schälen und in grobe Stücke schneiden. Im Thermomix für 10 Sekunden auf Stufe 5 zerkleinern.
2. Etwas Öl, den in Streifen geschnittenen Porree und das Currypulver hinzufügen und alles auf Stufe 1 andünsten bis die Zwiebel glasig ist.

3. Wasser und Kokosmilch hinzufügen und alles für 10 weitere Minuten kochen. Anschließend den Seelachs hinzufügen und für 9 Minuten kochen lassen. Vor dem Servieren noch mit Salz und Pfeffer abschmecken.

Zeit: 25 Minuten
Schwierigkeitsgrad: Leicht

Nährwertangaben pro Person:
Kalorien: 240 kcal
Eiweiß: 25 g
Fett: 9,1 g
Kohlenhydrate: 11,4 g

Lachsrolle

Zutaten für 4 Personen:

- 350 g fertiger Blattspinat
- 200 g Frischkäse
- 200 g Lachs
- 3 Eier
- 1 Zitrone
- Salz und Pfeffer zum Würzen

Zubereitung:

1. Die Eier trennen. Zuerst die Eigelbe im Thermomix mit Gewürzen und dem Spinat für 10 Sekunden auf Stufe 8 vermischen.
2. Die Eiweiße steifschlagen und langsam unter die Spinat-Ei-Masse geben. Backpapier auf einem Backblech auslegen und die lockere Masse gleichmäßig darauf verstreichen. Im auf 200° vorgeheizten Ofen für 10 Minuten backen.
3. Den Frischkäse in der Zwischenzeit mit dem Abrieb einer Zitrone und deren Saft vermischen. Im Anschluss mit Salz und Pfeffer

nach Belieben würzen. Die Creme auf dem gebackenen Teig verstreichen und mit dem Lachs belegen. Mit Klarsichtfolie fest einwickeln und für 2 Stunden im Kühlschrank lagern. Vor dem Servieren in Scheiben schneiden.

Zeit: 35 Minuten
Schwierigkeitsgrad: Leicht

Nährwertangaben pro Person:
Kalorien: 257 kcal
Eiweiß: 23,8 g
Fett: 19,1 g
Kohlenhydrate: 3,1 g

Lachstartar

Zutaten für 4 Personen:

- 300 g Lachs
- 200 g saure Sahne
- 150 g Senfgurken
- 2 Äpfel
- 3 EL mittelscharfer Senf
- 2 EL Honig
- 1 EL Dill
- Salz und Pfeffer zum Würzen

Zubereitung:

1. Auf Stufe 4 für 20 Sekunden die entkernten Apfelviertel, den Lachs und die Senfgurken zerkleinern.
2. Die restlichen Zutaten hinzufügen und für weitere 10 Sekunden vermischen. Danach mit Salz und Pfeffer abschmecken und im Kühlschrank für 2 Stunden ziehen lassen.

Zeit: 10 Minuten
Schwierigkeitsgrad: Leicht

Nährwertangaben pro Person:
Kalorien: 200 kcal
Eiweiß: 16 g
Fett: 9,9 g
Kohlenhydrate: 7,9 g

Thunfischsnacks

Zutaten für 4 Personen:

- 2 Dosen Thunfisch
- 400 g Kräuterfrischkäse
- 50 Kerne- oder Nussmischung
- 1 TL Tabasco
- Salz und Pfeffer zum Würzen

Zubereitung:

1. Die Kerne oder Nüsse für 10 Sekunden auf Stufe 10 zu feinen Bröseln verarbeiten und in einer Schüssel beiseite stellen.
2. Die übrigen Zutaten in den Thermomix geben und alles zu einer gleichmäßigen Masse verarbeiten. Diese im Kühlschrank fest werden lassen, damit sich leichter Kugeln formen lassen.
3. Die Masse zu Kugeln formen und diese mit den zerkleinerten Nüssen oder Kernen umhüllen. Die Snacks sind sofort verzehrbereit.

Zeit: 30 Minuten
Schwierigkeitsgrad: Leicht

<u>Nährwertangaben pro Person:</u>
Kalorien: 525 kcal
Eiweiß: 43,8 g
Fett: 37 g
Kohlenhydrate: 4 g

Fischpastete

Zutaten für 4 Personen:

- 200 g Seelachsfilet
- 200 g Forellenfilet
- 75 g Krabben
- 100 g Frischkäse
- 50 ml Sahne
- 1 EL Dill

Zubereitung:

1. Den Fisch in grobe Stücke schneiden und für 5 Sekunden auf Stufe 10 zerkleinern.
2. Frischkäse, Ei, Sahne und Gewürze hinzufügen und für eine Minute bei Stufe 4 weiterverarbeiten. In einer Schüssel Dill und Krabben unterheben und alles in einer Form glatt verstreichen. Die Form vor dem Backen mit Alufolie abdecken.

3. Im auf 175° vorgeheizten Backofen für 60 Minuten garen und danach vor dem Servieren kurz auskühlen lassen.

Zeit: 70 Minuten
Schwierigkeitsgrad: Leicht

Nährwertangaben pro Person:
Kalorien: 260 kcal
Eiweiß: 26,5 g
Fett: 15 g
Kohlenhydrate: 2,9 g

Lachsquiche

Zutaten für 4 Personen:

- 200 g Lachs
- 2 Zucchini
- 3 Eier
- 200 ml Milch
- 4 EL Guarkernmehl
- Salz und Pfeffer zum Würzen

Zubereitung:

1. Zucchini fein würfeln und gemeinsam mit dem ebenfalls gewürfeltem Lachs in eine Auflaufform geben.
2. Die übrigen Zutaten sowie jeweils 1 Prise Salz und Pfeffer auf Stufe 5 für 60 Sekunden vermengen. Diese Mischung in der Auflaufform verteilen und in dem auf 175° vorgeheizten Ofen für 35 Minuten backen.

Zeit: 40 Minuten
Schwierigkeitsgrad: Leicht

<u>Nährwertangaben pro Person:</u>
Kalorien: 166 kcal
Eiweiß: 17 g
Fett: 9,2 g
Kohlenhydrate: 3,9 g

Dorade in Salzkruste

Zutaten für 4 Personen:

- 1 Dorade
- 500 g grobes Meersalz
- 1 Zitrone
- Frischer Thymian

- Frischer Rosmarin

Zubereitung:

1. Die ausgenommene Dorade mit den Kräutern sowie zwei großen Zitronenscheiben füllen.
2. Mit der Hälfte des Salzes eine Salzschicht bilden. Die Dorade darauflegen und mit dem übrigen Salz in einer Kruste fest verschließen. Für 20 Minuten auf Stufe 1 garen.
3. Die Kruste vorsichtig lösen und den Fisch auf einer Platte servieren.

Zeit: 30 Minuten
Schwierigkeitsgrad: Leicht

Nährwertangaben pro Person:
Kalorien: 300 kcal
Eiweiß: 50 g
Fett: 13 g
Kohlenhydrate: 1,9 g

Fischtopf

Zutaten für 4 Personen:

- 300 g Pangasiusfilet
- 150 g Garnelen
- 1 Bund Frühlingszwiebeln
- 1 Zwiebel
- 1 Dose Tomaten
- 1 Zitrone
- 100 ml Milch
- 3 EL Petersilie
- Öl
- Salz und Pfeffer zum Würzen

Zubereitung:

1. Die Frühlingszwiebeln für 5 Sekunden auf Stufe 5 zerkleinern. Den Porree in Ringe schneiden und hinzufügen. Mit etwas Öl auf Stufe 1 kurz andünsten.
2. Milch und Tomaten hinzufügen und für 5 Minuten auf stufe 1 kochen. In der Zwischenzeit den Fisch in mundgerechte Stücke schneiden und mit den Garnelen gemeinsam in den Thermomix geben. Für weitere 10 Minuten kochen.
3. Petersilie und Zitronensaft hinzufügen und nach Belieben vor dem Servieren mit Salz und Pfeffer abschmecken.

Zeit: 25 Minuten
Schwierigkeitsgrad: Leicht

<u>Nährwertangaben pro Person:</u>
Kalorien: 275 kcal
Eiweiß: 11,8 g
Fett: 18,9 g
Kohlenhydrate: 8 g

Fischfrikadellen

Zutaten für 4 Personen:

- 300 g Seelachsfilet
- 30 g Kräuterfrischkäse
- 1 rote Zwiebel
- 1 Knoblauchzehe
- 1 Ei
- 1 Zitrone
- Salz und Pfeffer zum Würzen

Zubereitung:

1. Die rote Zwiebel für 5 Sekunden auf Stufe 5 zerkleinern. Den Fisch in grobe Stücke schneiden, hinzufügen und für weitere 10 Sekunden zu einer Masse formen.
2. Die übrigen Zutaten hinzufügen und alles für 20 Sekunden zu einem formbaren Teig vermischen.
3. Diesen zu Frikadellen oder Bällchen formen und in einer heißen Pfanne von beiden Seiten gleichmäßig anbraten. Entweder warm oder kalt servieren und zum Beispiel zu Fischburgern weiterverarbeiten.

Zeit: 15 Minuten
Schwierigkeitsgrad: Mittel

Nährwertangaben pro Person:
Kalorien: 154 kcal
Eiweiß: 17,2 g
Fett: 7,8 g
Kohlenhydrate: 2,4 g

Exotischer Paprikafisch

Zutaten für 4 Personen:

- 750 g Kabeljau
- 750 g Tomaten
- 250 g Garnelen
- 2 rote Paprikas
- 2 Knoblauchzehen
- 1 Gemüsezwiebel
- 1 Zitrone
- 1 Dose Kokoscreme
- 1 Bund Koriander
- Olivenöl
- Salz und Pfeffer zum Würzen

Zubereitung:

1. Den Knoblauch und die Zwiebel auf Stufe 5 für 5 Sekunden zerkleinern. Mit etwas Öl auf Stufe 1 kurz glasig andünsten.
2. Tomaten und Kokoscreme hinzufügen. Für 5 Minuten auf Stufe 1 einkochen. Danach den in mundgerechte Stücke geschnittenen Fisch und die Garnelen gemeinsam mit den in Streifen geschnittenen Paprikas hinzufügen und für weitere 15 Minuten kochen.
3. Vor dem Servieren den gehackten Koriander sowie Zitronensaft hinzugeben und mit Salz und Pfeffer abschmecken.

Zeit: 30 Minuten
Schwierigkeitsgrad: Leicht

<u>Nährwertangaben pro Person:</u>
Kalorien: 540 kcal
Eiweiß: 17 g
Fett: 39,8 g
Kohlenhydrate: 14,1 g

Lachs mit Dillsauce

Zutaten für 4 Personen:

- 500 g Lachsfilet
- 100 g Sahne
- 75 g Frischkäse
- 1 Zwiebel
- 1 Zitrone
- 1 Bund Dill
- Olivenöl
- Salz und Pfeffer zum Würzen

Zubereitung:

1. Den Lachs mit Zitronensaft sowie Salz und Pfeffer würzen. Mit der Hautseite auf den Einlegeboden legen und auf Stufe 1 für 15 Minuten garen.
2. Für die Sauce die Zwiebel für 5 Sekunden auf Stufe 5 zerkleinern. Den Dill hinzufügen und nochmals für weniger Sekunden zerkleinern. Etwas Öl hinzugeben und bei Stufe 1 glasig andünsten. Die restlichen Zutaten außer dem Frischkäse sowie 150 ml Wasser hinzufügen und für 10 Minuten kochen.
3. Den Frischkäse einrühren und mit Salz und Pfeffer einrühren. Mit dem Lachs gemeinsam auf einem Teller anrichten.

Zeit: 30 Minuten
Schwierigkeitsgrad: Leicht

<u>Nährwertangaben pro Person:</u>
Kalorien: 430 kcal
Eiweiß: 27,2 g
Fett: 17 g
Kohlenhydrate: 5,7 g

Lachs und grüne Bohnen

Zutaten für 4 Personen:

- 4 Lachsfilets
- 400 g grüne Bohnen
- 40 g Kräuterbutter
- Salz und Pfeffer zum Würzen

Zubereitung:

1. Den Lachs mit Salz und Pfeffer würzen und auf einem Einlegeboden mit der Hautseite nach unten platzieren.

2. Die Bohnen in den Thermomix geben und beides für 25 Minuten auf Stufe 1 dünsten. Beim Anrichten die Bohnen mit der Kräuterbutter würzen und warm servieren.

Zeit: 30 Minuten
Schwierigkeitsgrad: Leicht

Nährwertangaben pro Person:
Kalorien: 336 kcal
Eiweiß: 39,4 g
Fett: 17,7 g
Kohlenhydrate: 3,8 g

Kabeljauroulade

Zutaten für 4 Personen:

- 8 Kohlblätter (Weißkohl oder Wirsing)
- 750 g Kabeljaufilets
- 1 EL Kräutermischung
- Salz und Pfeffer zum Würzen

Zubereitung:

1. Den Kabeljau grob würfeln und gemeinsam mit der Kräutermischung sowie Salz und Pfeffer für 30 Sekunden auf Stufe 7 zerkleinern.
2. Die Fischmasse jeweils in der Mitte der Kohlblätter platzieren und diese fest zusammenwickeln.
3. Die Fischrouladen in dem Aufsatz legen und 1 Liter Wasser einfüllen. Für 30 Minuten bei Stufe 1 langsam garen und anschließend noch warm servieren.

Zeit: 45 Minuten
Schwierigkeitsgrad: Mittel

Nährwertangaben pro Person:

Kalorien: 380 kcal
Eiweiß: 4 g
Fett: 38,9 g
Kohlenhydrate: 2,5 g

Thunfischpizza

Zutaten für 4 Personen:

- 2 Dosen Thunfisch
- 4 Eier
- 150 g Mozarella
- 4 Tomaten
- 2 EL Tomatenmark

Zubereitung:

1. Den Thunfisch und die Eier auf Stufe 5 für 30 Sekunden zu einer Masse verarbeiten. Die Masse auf einem mit Backpapier

ausgelegtem Backblech verstreichen und für 15 Minuten bei 175° backen.

2. Das Tomatenmark darauf verteilen sowie jeweils eine Scheibe Tomate und darüber Mozzarella pro Stück belegen. Für weitere 5 Minuten backen und noch warm genießen.

Zeit: 20 Minuten
Schwierigkeitsgrad: Leicht

<u>Nährwertangaben pro Person:</u>
Kalorien: 325 kcal
Eiweiß: 34 g
Fett: 18,7 g
Kohlenhydrate: 3 g

Fleischgerichte

Gemüsenudeln mit Bolognesesauce

Zutaten für 4 Personen:

- 500 g Rinderhack
- 75 g Sellerie
- 4 Möhren
- 2 Tomaten
- 2 Dosen Tomaten
- 1 Stange Porree
- 1 Zwiebel
- 1 Knoblauchzehe
- 2 EL Tomatenmark
- 250 ml Gemüsebrühe
- Olivenöl
- Salz und Pfeffer zum Würzen

Zubereitung:

1. Zwiebel und Knoblauch für 5 Sekunden auf Stufe 5 zerkleinern und in eine kleine Schüssel geben.
2. Eine Möhre, den Porree und den Sellerie grob zerkleinern und ebenfalls für 5 Sekunden auf Stufe 5 weiter häckseln. Etwas Öl hinzufügen und gemeinsam mit Zwiebeln und Knoblauch auf Stufe 1 glasig andünsten. Das Hackfleisch hinzufügen und krümelig anbraten.
3. Die Gemüsebrühe sowie die Tomaten und die Dosentomaten dazugeben. Für 60 Minuten auf Stufe 1 zu einer Sauce einköcheln

lassen. 15 Minuten vor Ende der Garzeit mit dem Tomatenmark sowie dem Gewürzen nach Belieben abschmecken.

4. In der Zwischenzeit die Möhrennudeln herstellen und dafür die Möhren zuerst schälen und dann mit dem Sparschäler wie Bandnudeln schälen.
5. In einer Pfanne die Möhrenstreifen für 4 Minuten in garen und abschließend mit der Sauce auf einem Teller anrichten. Nach Belieben mit frischen Kräutern oder Parmesan garnieren.

Zeit: 75 Minuten
Schwierigkeitsgrad: Leicht

Nährwertangaben pro Person:
Kalorien: 375 kcal
Eiweiß: 30 g
Fett: 20 g
Kohlenhydrate: 9,6 g

Möhreneintopf mit Hackbällchen

Zutaten für 4 Personen:

- 500 g gemischtes Hack
- 300 g Möhren
- 500 g Pastinaken
- 75 g Schinkenwürfel
- 250 ml Gemüsebrühe
- 1 Zwiebeln
- 1 Ei
- 2 EL Petersilie
- 1 EL Senf
- 1 TL Paprikapulver
- Öl
- Salz und Pfeffer zum Würzen

Zubereitung:

1. Die Zwiebeln auf Stufe 5 für 10 Sekunden zerkleinern. Die Hälfte der Zwiebeln im Thermomix belassen und die übrigen in eine Schüssel geben. Das Hack in die Schüssel geben und mit dem Senf, Paprikapulver sowie jeweils einer Prise Salz und Pfeffer vermischen. Die Hackmasse zu kleinen Hackbällchen formen und beiseite stellen.
2. Die Zwiebeln im Thermomix mit etwas Öl und den Speckwürfeln auf Stufe 2 glasig andünsten. Möhren und Pastinaken schälen, in grobe Stücke schneiden und ebenfalls zufügen. Für 30 Minuten auf Stufe 2 gemeinsam mit der Gemüsebrühe garen.
3. Die Hackbällchen im Backofen bei 200° für 30 Minuten backen. In der Zwischenzeit die Petersilie hacken und kurz vor Ende der Garzeit zum Möhreneintopf hinzufügen. In einer Schüssel anrichten, mit dem Hackbällchen garnieren und noch warm servieren.

Zeit: 40 Minuten
Schwierigkeitsgrad: Leicht

<u>Nährwertangaben pro Person:</u>
Kalorien: 414 kcal
Eiweiß: 34 g
Fett: 25,1 g
Kohlenhydrate: 10,1 g

Paprikagulasch

Zutaten für 4 Personen:

- 500 g Rindergulasch
- 250 g Tomaten
- 200 g Zwiebeln
- 50 g Tomatenmark
- 150 ml Rotwein

- 150 ml Wasser
- 2 Knoblauchzehen
- 1 Dose Sauerkraut
- 1 rote Paprika
- 1 grüne Paprika
- 2 EL Paprikapulver
- 2 Lorbeerblätter
- 4 Wachholderbeeren
- 2 Nelken
- Salz und Pfeffer zum Würzen

Zubereitung:

1. Zwiebeln und Knoblauch auf Stufe 5 für 10 Sekunden zerkleinern. Etwas Öl hinzufügen und auf Stufe 1 glasig andünsten.
2. Das Fleisch hinzufügen und für weitere 5 Minuten garen. In der Zwischenzeit Tomaten und Paprikas in mundgerechte Stücke schneiden. Das Gemüse gemeinsam mit den restlichen Zutaten für 60 Minuten auf Stufe 1 zu Ende garen. Warm servieren oder in Portionen aufteilen und nach dem Abkühlen einfrieren.

Zeit: 75 Minuten
Schwierigkeitsgrad: Leicht

<u>Nährwertangaben pro Person:</u>
Kalorien: 298 kcal
Eiweiß: 32 g
Fett: 8,5 g
Kohlenhydrate: 14,2 g

Geflügelcannelloni

Zutaten für 4 Personen:

- 200 g Möhren
- 200 g Zucchini

- 200 g Paprika
- 150 g Mozzarella
- 150 g Ricotta
- 500 ml Wasser
- 1 Zwiebel
- 1 Dose Pizzatomaten
- 10 Scheiben Hähnchenbrust
- 1 TL Oregano
- Olivenöl
- Salz und Pfeffer zum Würzen

Zubereitung:

1. Das Gemüse schälen und bereits grob zerkleinern. Für 10 Sekunden auf Stufe 5 weiter zerkleinern. Das Gemüse im Garkorb für 15 Minuten auf Stufe 1 garen. Dazu den Boden des Thermomix mit 500 ml Wasser befüllen.
2. Das Wasser abgießen und das gedünstete Gemüse mit dem Ricotta sowie Salz und Pfeffer für 15 Sekunden auf Stufe 4 cremig rühren. Die fertige Füllung auf die Hähnchenwurst auftragen und zu einer Cannelloni formen. Die Nähte nach unten in eine Auflaufform legen, damit sich die Cannelloni nicht lösen.
3. Den Mixtopf spülen und darin zuerst die Zwiebel bei Stufe 5 für 10 Sekunden zerkleinern. Etwas Olivenöl hinzufügen und auf Stufe 1 kurz glasig andünsten. Die Tomaten sowie Salz, Pfeffer und Oregano hinzufügen und für 10 Minuten zu einer Sauce einkochen lassen.
4. Die Sauce über den Cannelloni verteilen und mit dem im Scheiben geschnittenen Mozzarella belegen. In dem auf 200° vorgeheiztem Ofen für 25 Minuten backen und noch warm servieren.

Zeit: 45 Minuten
Schwierigkeitsgrad: Mittel

Nährwertangaben pro Person:

Kalorien: 321 kcal
Eiweiß: 27,3 g
Fett: 16,8 g
Kohlenhydrate: 11,2 g

Geflügelfrikadellen

Zutaten für 4 Personen:

- 500 g Geflügelhackfleisch
- 100 g Fetakäse
- 1 rote Zwiebel
- 1 Chili
- 1 Knoblauchzehe
- Öl
- Salz und Pfeffer zum Würzen

Zubereitung:

1. Zwiebel, Knoblauch und Chili für 10 Sekunden auf Stufe 5 zerkleinern.

2. Den Fetakäse hinzufügen und für 5 Sekunden auf Stufe 5 vermengen. Das Hackfleisch hinzufügen und für weitere 30 Sekunden auf Stufe 4 zu einer festen Masse formen.
3. Diese Masse zu Frikadellen formen und in einer mit Öl bestrichenen Pfanne auf beiden Seiten goldbraun anbraten. Die Frikadellen können warm oder kalt serviert werden.

Zeit: 20 Minuten
Schwierigkeitsgrad: Leicht

Nährwertangaben pro Person:
Kalorien: 224 kcal
Eiweiß: 35,1 g
Fett: 6 g
Kohlenhydrate: 1,3 g

Ungarische Schnitzelpfanne

Zutaten für 4 Personen:

- 4 Schweineschnitzel
- 2 Tomaten
- 1 rote Paprika
- 1 Knoblauchzehe
- 1 grüne Paprika
- 1 Gemüsezwiebel
- 175 ml Sahne
- 75 g Frischkäse
- 75 g Creme Fraiche
- 20 g Kräutermischung
- Olivenöl
- Salz, Pfeffer und Paprikapulver zum Würzen

Zubereitung:

1. Das Gemüse vorbereiten und in grobe Stücke schneiden. Zuerst Zwiebel und Knoblauch bei Stufe 5 für 10 Sekunden zerkleinern. Nun Tomaten und Paprikas hinzufügen und für weitere 5 Sekunden zerkleinern.
2. Sahne, Frischkäse und Creme Fraiche hinzufügen und zuerst auf Stufe 5 für 5 Sekunden mischen. Dann auf Stufe 4 für 6 Minuten kochen.
3. In der Zwischenzeit die Schnitzel mit Salz, Pfeffer und Paprikapulver würzen. Eine Auflaufform mit Olivenöl einfetten und die Sauce ebenfalls mit der Kräutermischung sowie Salz und Pfeffer abschmecken. Mit dem Schnitzeln in die Form geben und im auf 200° vorgeheizten Ofen für 40 Minuten zu Ende garen und anschließend noch warm servieren.

Zeit: 60 Minuten
Schwierigkeitsgrad: Mittel

Nährwertangaben pro Person:
Kalorien: 610 kcal
Eiweiß: 63 g
Fett: 35 g
Kohlenhydrate: 10 g

Hackauflauf

Zutaten für 4 Personen:

- 600 g Weißkohl
- 400 g gemischtes Hack
- 100 g geriebener Käse
- 1 Dose Tomaten
- 1 Knoblauchzehe
- 1 EL Schmand
- Öl
- Salz und Pfeffer zum Würzen

Zubereitung:

1. Den Weißkohl von trockenen Stellen und Blättern befreien und in grobe Stücke schneiden. Diese in den Garkorb legen und 500 ml Wasser in den Thermomix geben. Für 15 Minuten auf Stufe 1 garen. Den Kohl danach in eine Schüssel geben.
2. Nun etwas Öl in den Thermomix geben und das Hackfleisch und den gepressten Knoblauch darin auf Stufe 1 anbraten. Die Tomaten und den Schmand hinzufügen und für weitere 3 Minuten auf Stufe 1 kochen. Zum Abschluss mit Salz und Pfeffer würzen.
3. Den Kohl mit der Hacksauce mischen und beides in einer Auflaufform geben. Den Käse darüber verteilen und für 15 Minuten in dem auf 200° vorgeheizten Ofen backen. Warm servieren und nach Belieben mit frischen Kräutern bestreuen.

Zeit: 30 Minuten
Schwierigkeitsgrad: Leicht

<u>Nährwertangaben pro Person:</u>
Kalorien: 400 kcal
Eiweiß: 28,8 g
Fett: 21,5 g
Kohlenhydrate: 8 g

Spareribs

Zutaten für 4 Personen:

- 2 kg Rippchen
- 2 Knoblauchzehen
- 1 Möhre
- 1 Stange Poree
- 1 Scheibe Sellerie
- 2 Lorbeerblätter
- 2 Wachholderbeeren

- 50 g Tomatenmark
- 50 ml Honig
- 50 ml Orangensaft
- 25 ml Balsamicoessig
- 2 EL Tabasco
- Salz und Pfeffer zum Würzen

Zubereitung:

1. Rippchen in einen Topf mit Sellerie, Möhre, Porree, Lorbeerblatt und Wachholderbeeren geben und mit Wasser bedecken. Für 20 Minuten kochen lassen.
2. Die übrigen Zutaten in den Thermomix füllen und dort auf Stufe 10 in 10 Sekunden zu einer Marinade verarbeiten. Die Rippchen in dieser marinieren und dafür am besten über Nacht einwirken lassen. Zur Zubereitung empfiehlt sich ein Grill. Die Rippchen immer warm servieren, da sich so die Aromen der Marinade am besten entfalten.

Zeit: 90 Minuten
Schwierigkeitsgrad: Mittel

<u>Nährwertangaben pro Person:</u>
Kalorien: 890 kcal
Eiweiß: 100 g
Fett: 47 g
Kohlenhydrate: 18,2 g

Spargelauflauf

Zutaten für 4 Personen:

- 500 g Spargel
- 500 g Spinat
- 200 g gekochter Schinken
- 150 g geriebener Käse
- 4 EL Senf
- 4 EL Crème fraîche Kräuter
- Salz und Pfeffer zum Würzen

Zubereitung:

1. Den Spargel schälen und gemeinsam mit dem Spinat in den Garkorb geben. 500 ml Wasser sowie etwas Salz hinzufügen und für 20 Minuten auf Stufe 1 dünsten.
2. Den Schinken in Würfel schneiden und gemeinsam mit dem gegarten Gemüse in eine Auflaufform füllen.
3. Nun den geriebenen Käse mit dem Creme Fraiche, Senf und Gewürzen für 30 Sekunden auf Stufe 4 mischen. Über dem Gemüse verstreichen und in dem auf 200° vorgeheizten Ofen für 20 Minuten backen.

Zeit: 30 Minuten
Schwierigkeitsgrad: Leicht

<u>Nährwertangaben pro Person:</u>
Kalorien: 270 kcal
Eiweiß: 23 g
Fett: 16,1 g
Kohlenhydrate: 5,7 g

Möhrenbolognese

Zutaten für 4 Personen:

- 500 g Hack
- 5 Möhren
- 1 Dose Pizzatomaten
- 2 Tomaten
- 1 Zwiebel
- 1 Knoblauchzehe
- 1 Stange Staudensellerie
- 1 Scheibe Knollensellerie
- 1 Bund Petersilie
- 100 ml Gemüsebrühe
- 3 EL Tomatenmark
- 50 g geriebener Parmesan
- Salz und Pfeffer zum Würzen

Zubereitung:

1. 1 Möhre sowie die beiden Selleriearten für 10 Sekunden auf Stufe 5 zerkleinern und diese dann in eine Schüssel umfüllen. Danach Zwiebel und Knoblauch ebenfalls für 5 Sekunden auf Stufe 5 zerkleinern.
2. Öl hinzufügen und alles auf Stufe 1 glasig anbraten. Das Hackfleisch hinzufügen und ebenfalls anbraten. Im Anschluss das zerkleinerte Gemüse hinzufügen und kurz mitbraten.
3. Die Gemüsebrühe sowie die beiden Tomatensorten hinzufügen und alles auf Stufe 1 für 60 Minuten köcheln lassen. Kurz vor Ende der Garzeit mit Tomatenmark, Salz und Pfeffer würzen sowie die gehackte Petersilie hinzufügen.
4. Für die Möhrennudeln die Möhren mit einem Sparschäler zu Bandnudeln formen. Eine Pfanne mit Öl erhitzen und die Möhrenstreifen darin für 4 Minuten garen. Zum Schluss auf Tellern anrichten und mit der Bolognesesauce sowie dem geriebenen Parmesan gemeinsam genießen.

Zeit: 70 Minuten
Schwierigkeitsgrad: Leicht

<u>Nährwertangaben pro Person:</u>
Kalorien: 393 kcal
Eiweiß: 31 g
Fett: 24,9 g
Kohlenhydrate: 8,9 g

Wirsingauflauf

Zutaten für 4 Personen:

- 500 g Rinderhack
- 500 g Wirsing
- 500 ml Gemüsebrühe
- 200 g Kohlrabi
- 200 g Kräuterfrischkäse
- 100 g Schinkenwürfel
- 100 g geriebener Käse
- 1 Knoblauchzehe
- 1 Zwiebel
- Öl
- Salz, Pfeffer und Muskat zum Würzen

Zubereitung:

1. Knoblauch und Zwiebel für 5 Sekunden auf Stufe 5 zerkleinern. Mit etwas Öl auf Stufe 1 anbraten bis die Zwiebeln glasig sind. Das Hackfleisch hinzufügen weiterhin auf Stufe 1 anbraten. Danach das Hack mit Salz und Pfeffer würzen und mit dem Kräuterfrischkäse vermischen.
2. Den Mixbecher reinigen und das Gemüse in mundgerechte Stücke schneiden. In den Garkorb geben und die Gemüsebrühe hinzufügen. Auf Stufe 1 für 25 Minuten garen. Mit dem Hack mischen und in der Auflaufform verteilen.

3. Die Schinkenwürfel und den Käse darüber verteilen und in dem auf 200° vorgeheizten Ofen für 20 Minuten backen.

Zeit: 60 Minuten
Schwierigkeitsgrad: Leicht

Nährwertangaben pro Person:
Kalorien: 631 kcal
Eiweiß: 56 g
Fett: 39,6 g
Kohlenhydrate: 12,4 g

Gefüllte Paprika

Zutaten für 4 Personen:

- 4 Paprikas
- 300 g Hähnchenfleisch
- 200 g geriebener Käse
- 1 Chili
- 1 Knoblauchzehe
- Olivenöl
- Salz und Pfeffer zum Würzen

Zubereitung:

1. Die Paprika halbieren und die Hälften entkernen.
2. Etwa 1/3 des Käses mit dem Fleisch, Salz und Pfeffer sowie Knoblauch und Chili auf Stufe 5 für 15 Sekunden zu einer gleichmäßigen Masse verarbeiten.
3. Die Masse auf die Paprikahälften verteilen und mit dem übrigen Käse bestreuen. Das ganze bei 200° für 25 Minuten im Ofen garen und noch warm servieren.

Zeit: 30 Minuten

Schwierigkeitsgrad: Leicht

<u>Nährwertangaben pro Person:</u>
Kalorien: 300 kcal
Eiweiß: 31,1 g
Fett: 14,7 g
Kohlenhydrate: 8,3 g

Geschnetzeltes

Zutaten für 4 Personen:

- 300 g Rindergeschnetzeltes
- 250 g Zuckerschoten
- 250 ml Wasser
- 250 ml Kokosmilch
- 2 EL Currypaste
- Salz und Pfeffer zum Würzen

Zubereitung:

1. Das Rindergeschnetzelte mit etwas Öl auf Stufe 1 anbraten. Die Currypaste hinzufügen und für eine Minute mitbraten.

2. Wasser und Kokosmilch hinzufügen und auf Stufe 1 erwärmen. Die Zuckererbsen hinzufügen und für 30 Minuten auf Stufe 1 garen. Vor dem Servieren mit Salz und Pfeffer abschmecken.

Zeit: 40 Minuten
Schwierigkeitsgrad: Leicht

Nährwertangaben pro Person:
Kalorien: 176 kcal
Eiweiß: 19,2 g
Fett: 4 g
Kohlenhydrate: 12,7 g

Paprikahähnchen

Zutaten für 4 Personen:

- 4 Hähnchenbrustfilets
- 1 rote Paprika
- 1 gelbe Paprika
- 1 grüne Paprika
- 1 Chili
- 1 Zwiebel
- 500 ml Gemüsebrühe
- 3 EL Sojasauce
- 1 EL Creme Fraiche
- 1 TL Paprikapulver
- Olivenöl
- Salz und Pfeffer zum Würzen

Zubereitung:

1. Die Hähnchenbrust in einer Schüssel mit etwas Öl, Sojasauce sowie Salz und Pfeffer marinieren.

2. In der Zwischenzeit die Paprika in Stücke oder Streifen schneiden und in den Garkorb legen. Die marinierte Hähnchenbrust hinzufügen und 500 ml Gemüsebrühe in den Thermomix geben. Für 25 Minuten auf Stufe 1 garen.
3. 150 ml Brühe aufbewahren. Nun Zwiebel und Chili für 5 Sekunden auf Stufe 5 zerkleinern. Mit etwas Öl auf Stufe 2 glasig andünsten. Die Gemüsebrühe, Creme Fraiche, Sojasauce und Paprikapulver hinzufügen und für 5 Minuten auf Stufe 3 kochen.
4. Auf einem Teller gemeinsam anrichten und noch warm servieren.

Zeit: 40 Minuten
Schwierigkeitsgrad: Leicht

<u>Nährwertangaben pro Person:</u>
Kalorien: 440 kcal
Eiweiß: 52 g
Fett: 8,1 g
Kohlenhydrate: 7,3 g

Geflügelchili

Zutaten für 4 Personen:

- 400 g Putengulasch
- 1 rote Paprika
- 2 grüne Paprikas
- 2 Zucchini
- 2 Chilis
- 2 Knoblauchzehen
- 2 Dosen Tomaten
- 1 Gemüsezwiebel
- 3 EL Gemüsebrühe
- 1 EL Paprikapulver
- 1 TL Currypulver
- Öl

- Salz und Pfeffer zum Würzen

Zubereitung:

1. Zwiebel, Chilis und Knoblauch auf Stufe 5 für 10 Sekunden zerkleinern. Öl hinzufügen und auf Stufe 1 anbraten bis die Zwiebel glasig ist. Danach das gewürfelte Putenfleisch hinzufügen und ebenfalls auf Stufe 1 anbraten.
2. Curry, Paprikapulver sowie Salz und Pfeffer hinzufügen und ebenfalls kurz mitbraten. Die in Streifen geschnittenen Paprika und Zucchini hinzufügen und nach etwa einer Minute mit dem Inhalt der Dosentomaten ablöschen.
3. Für 15 Minuten auf Stufe 1 kochen lassen und kurz vor Ende der Garzeit mit der Gemüsebrühe sowie weiteren Gewürzen nach Belieben abschmecken und noch warm servieren.

Zeit: 30 Minuten
Schwierigkeitsgrad: Leicht

Nährwertangaben pro Person:
Kalorien: 191 kcal
Eiweiß: 28,7 g
Fett: 2,3 g
Kohlenhydrate: 5,8 g

Desserts

Vanille-Kokos-Pudding

Zutaten für 4 Personen:

- 500 ml Sahne
- 500 ml Kokosmilch
- 4 Eigelbe
- 75 g Zuckerersatz wie Xylith, Stevia oder Xucker
- 10 g Johannisbrotkernmehl

Zubereitung:

1. Die Vanilleschote auskratzen und gemeinsam mit der Schote sowie den übrigen Zutaten auf Stufe 3 für 8 Minuten zu einem Pudding verarbeiten.
2. Die Vanilleschote entfernen und in einer Schüssel oder Portionsbechern servieren. Durch die Zugabe von 50 g Kakaopulver entsteht mit dem gleichen Rezept ein leckerer Low Carb Schokoladenpudding mit feiner Kokosnote.

Zeit: 15 Minuten
Schwierigkeitsgrad: Leicht

<u>Nährwertangaben pro Person:</u>
Kalorien: 486 kcal
Eiweiß: 6,8 g
Fett: 45,3 g
Kohlenhydrate: 10,4 g

Erdbeercreme

Zutaten für 4 Personen:

- 300 g Erdbeeren
- 150 g Joghurt
- 200 ml Sahne
- 25 ml Limettensaft
- 1 Päckchen Sahnesteif

Zubereitung:

1. Die Sahne mit dem Sahnesteif in eine Schüssel geben und mit einem Mixer steif schlagen.
2. Den Limettensaft und die geschälten, grob zerkleinerten Erdbeeren hinzufügen und für 20 Sekunden auf Stufe 10 pürieren.
3. Das Fruchtpüree in eine Schüssel füllen und mit der Joghurt verrühren. Die Sahne in kleinen Portionen unterheben und für mindestens 3 Stunden im Kühlschrank kaltstellen. Die Creme kann auch im Gefrierschrank zu einem leichten Eis verarbeitet werden.

Zeit: 15 Minuten
Schwierigkeitsgrad: Leicht

<u>Nährwertangaben pro Person:</u>
Kalorien: 220 kcal
Eiweiß: 3,7 g
Fett: 17 g
Kohlenhydrate: 9,9 g

Bananen Pfannkuchen

Zutaten für 4 Personen:

- 1 Banane
- 4 Eier

- 100 g gemahlene Mandeln

Zubereitung:

1. Die Bananen grob zerkleinern und auf Stufe 10 alle Zutaten für 15 Sekunden zu einem Teig verarbeiten.
2. Eine Pfanne mit Öl auf dem Herd erhitzen und die Pfannkuchen darin ausbacken. Diese Pfannkuchen schmecken sowohl warm als auch abgekühlt.

Zeit: 20 Minuten
Schwierigkeitsgrad: Mittel

<u>Nährwertangaben pro Person:</u>
Kalorien: 265 kcal
Eiweiß: 12 g
Fett: 20 g
Kohlenhydrate: 6,8 g

Mandelbrei mit frischen Früchten

Zutaten für 4 Personen:

- 300 ml Milch
- 125 g Heidelbeeren
- 75 g Mandeln
- 35 g Haferkleie
- 2 EL Zuckerersatz wie Xucker oder Stevia

Zubereitung:

1. Die Mandeln für 10 Sekunden auf Stufe 10 fein mahlen.
2. Haferkleie, Milch und den Zuckerersatz hinzugeben und für 8 Minuten auf Stufe 2 zu einem Brei kochen.
3. Den Brei in eine Schüssel füllen und mit den Blaubeeren oder anderem Obst nach Wahl garnieren.

Zeit: 10 Minuten

Schwierigkeitsgrad: Leicht

Nährwertangaben pro Person:
Kalorien: 190 kcal
Eiweiß: 7,5 g
Fett: 14,3 g
Kohlenhydrate: 8 g

Dattelsnack

Zutaten für 4 Personen:

- 200 g Mandeln
- 200 g Datteln
- 1 Grapefruit
- 1 Vanilleschote

Zubereitung:

1. Das Mark der Vanilleschote mit einem Messer auskratzen und die Schale der Grapefruit abkratzen sowie deren Saft in einer Schüssel auffangen.
2. Die Mandeln für 10 Sekunden auf Stufe 10 mahlen. Die Datteln sowie das Vanillemark und den Grapefruitabrieb hinzufügen und für 10 Sekunden auf Stufe 10 vermengen. Abschließend noch den Grapefruitsaft hinzufügen und für weitere 10 Sekunden auf Stufe 4 vermischen.
3. Auf einem Backblech oder eine mit Backpapier ausgelegte Auflaufform verstreichen und für etwa eine Stunde im Kühlschrank lagern. Die Masse lässt sich dann leicht zu kleinen Powerriegeln mit dem Messer formen.

Zeit: 15 Minuten
Schwierigkeitsgrad: Leicht

Nährwertangaben pro Person:
Kalorien: 365 kcal
Eiweiß: 10 g
Fett: 38 g
Kohlenhydrate: 15,2 g

Waldbeersmoothie

Zutaten für 4 Personen:

- 250 g Joghurt
- 200 g Himbeeren
- 200 g Heidelbeeren
- 50 ml Zitronensaft
- Stevia oder anderer Zuckerersatz nach Belieben

Zubereitung:

1. Die Zutaten zusammen in den Thermomix geben und für 60 Sekunden auf Stufe 10 pürieren.
2. Den Smoothie entweder sofort servieren oder im Kühlschrank kaltstellen.

Zeit: 10 Minuten
Schwierigkeitsgrad: Leicht

Nährwertangaben pro Person:
Kalorien: 82 kcal
Eiweiß: 4,2 g
Fett: 2,5 g
Kohlenhydrate: 4,0 g

Kokospralinen

Zutaten für 4 Personen:

- 250 g Quark
- 75 g Kokosflocken
- 50 g gemahlene Mandeln
- 25 g Eiweispulver mit Vanillegeschmack
- 20 ganze Mandeln (Blanchiert)

Zubereitung:

1. Die Hälfte der Kokosflocken gemeinsam mit dem Quark, dem Eiweispulver sowie den gemahlenen Mandeln für 10 Sekunden auf Stufe 6 vermischen.
2. Die Pralinenmasse zu 25 Kugeln formen in deren Mitte jeweils eine blanchierte Mandel gesteckt wird. Mit dem Kokosflocken umhüllen und am besten über Nacht in Kühlschrank kalt stellen.

Zeit: 30 Minuten
Schwierigkeitsgrad: Leicht

Nährwertangaben pro Person:
Kalorien: 350 kcal
Eiweiß: 16,2 g
Fett: 28 g
Kohlenhydrate: 4,4 g

Quarkbällchen

Zutaten für 4 Personen:

- 250 g Quark
- 200 g gemahlene Mandeln
- 2 Eier
- 1 Vanilleschote

- 4 TL Zuckerersatz wie Xucker
- 1 Prise Zimt

Zubereitung:

1. Quark und Eier sowie den Zuckerersatz, das Vanillemark und den Zimt für 60 Sekunden auf Stufe 4 vermengen.
2. Die Mandeln hinzufügen und für 5 Minuten auf der Teigstufe zu einem glatten Teig verarbeiten.
3. Mit der Hilfe von zwei Löffeln aus dem Teig gleichgroße Bällchen formen. Nun Öl in einem Topf erhitzen und die Bällchen darin für etwa 5 Minuten frittieren, bis die Hülle goldbraun ist. Das überschüssige Öl mit einem Küchentuch abtupfen und entweder warm oder kalt servieren.

Zeit: 30 Minuten
Schwierigkeitsgrad: Leicht

<u>Nährwertangaben pro Person:</u>
Kalorien: 450 kcal
Eiweiß: 19,3 g
Fett: 34 g
Kohlenhydrate: 5,4 g

Quarkkuchen

Zutaten für 4 Personen:

- 500 g Quark
- 50 g gehackte Mandeln
- 2 Eier
- 1 Orange
- 1 Zitrone
- 1 Vanilleschote
- 5 EL Guarkernmehl

Zubereitung:

1. Die Schale der Orange und Zitrone abreiben sowie das Mark der Vanilleschote auskratzen. Gemeinsam mit allen Zutaten in den Thermomix geben und für 10 Sekunden auf Stufe 5 zu einem Teig verarbeiten.

2. Eine Kuchenform mit Butter einfetten und die Teigmasse darin glatt verstreichen. Die Form in den auf 150° vorgeheizten Backofen stellen und für eine Stunde backen. Den Kuchen danach abkühlen lassen und zum Beispiel mit einem Fruchtkompott servieren.

Zeit: 75 Minuten
Schwierigkeitsgrad: Mittel

Nährwertangaben pro Person:
Kalorien: 320 kcal
Eiweiß: 18,4 g
Fett: 21,9 g
Kohlenhydrate: 9,1 g

Zimtröllchen

Zutaten für 4 Personen:

- 200 g Quark
- 5 Eiweiß
- 2 Eigelbe
- 2 EL Honig
- 2 EL Milch
- 2 EL flüssiger Süßstoff
- 1 TL Zimt

Zubereitung:

1. Die Eiweiß mit einem Schneebesen oder Handrührgerät zu Eischnee verarbeiten.
2. Die Hälfte des Zimts gemeinsam mit allen übrigen Zutaten bis auf den Honig im Thermomix für 20 Sekunden auf Stufe 4 vermischen. Den Eischnee in kleinen Portionen unterheben bis ein luftiger Teig entsteht.

3. Ein Backblech mit Backpapier auslegen und darauf den Teig verstreichen. Im auf 175° vorgeheizten Ofen für 10 Minuten backen.
4. Danach den Teig vorsichtig aufrollen und mit Klarsichtfolie einschlagen und etwa 1 Stunde im Kühlschrank lagern.
5. In der Zwischenzeit den Honig mit dem restlichen Zimt und je nach Geschmack 2 EL Orangen- oder Zitronensaft zu einer Glasur anrühren. Die Zimtrolle in gleich große Stücke schneiden und mit der Honigglasur bestreichen. Erneut für 10 Minuten bei 150° backen und noch warm servieren.

Zeit: 30 Minuten
Schwierigkeitsgrad: Mittel

Nährwertangaben pro Person:
Kalorien: 284 kcal
Eiweiß: 14,1 g
Fett: 15,1 g
Kohlenhydrate: 9,7 g

JETZT KOSTENLOS ERHÄLTLICH!

Auszug aus dem **Rezeptbuch "Rezepte ohne Kohlenhydrate - 50 Vegetarisch- und Vegan-Rezepte zum Abnehmerfolg in nur 2 Wochen"** jetzt kostenlos erhältlich!

Einfach auf **http://gesundleben.schnelliebe.com/** herunterladen!

FAZIT

Beim Betrachten der Rezepte wird schnell klar, dass der Thermomix in Verbindung mit einer Low Carb Ernährung die Pfunde nicht nur purzeln, sondern wie Eis in der Sonne schmelzen lässt. Da das Gerät in Sekunden bewältigt, wofür selbst erfahrene Hobbyköche Minuten benötigen, verkürzen sich zudem die Kochzeiten. Das macht es auch Berufstätigen schmackhaft, sich jeden Tag mit frisch gekochten Low Carb Gerichten selbst zu verwöhnen. Da die Rezepte zudem Spielraum für den persönlichen Geschmack lassen, ist es kinderleicht, persönliche Lieblingszutaten hinzuzufügen oder gegen andere auszutauschen. Diese Inspiration macht das Kochen im Thermomix bald zu einer neuen Leidenschaft. Zusätzlich verbannt die abwechslungsreiche Low Carb Küche das Wort "Diät" mit Leichtigkeit aus dem Wortschatz. Selbst wenn sich Gäste ankündigen, muss somit keine Kompromisse mehr eingegangen werden. In Verbindung mit der sanften Garung durch den Thermomix werden Gäste die reduzierte Anzahl an Kohlenhydrate bestimmt noch nicht einmal bemerken. Bereits auf den ersten Blick auffallen wird dagegen Ihr neugewonnenes Selbstbewusstsein, was weit mehr beinhaltet, als nur den Verlust einer oder mehrerer Konfektionsgrößen.

War dieses Buch hilfreich für Sie? Ihre **ehrliche Rezension** würde uns dabei helfen unsere Rezeptbücher immer besser zu machen und den Einstieg in die Low Carb Ernährung zu erleichtern. Vielen Dank dafür! **Hier können Sie Ihre Rezension hinterlassen (*http://www.amazon.de/product-reviews/B01AQ8NJZ8/ref=acr_dpproductdetail_text?ie=UTF8&showViewpoints=1*)**

Weitere Rezepte, Tricks und Tipps, Ratgeber in unserem Newsletter. Jetzt unter http://gesundleben.schnelliebe.com/ eintragen!

Ihr Mathias Müller

AUTOR

Wenige Kohlenhydrate, viel Genuss - Mathias Müller beschreibt in diesem wunderbaren Praxiskochbuch ausführlich über 100 Basisrezepte. Nicht nur der Anfängerkoch wird von Müllers klaren und sinnlichen Texten inspiriert, seinem Bauchgefühl in der Küche zu folgen und das Wesentliche eines Rezepts zu verstehen: 'Die Wahrheit ist, gutes Essen hat mit nichts anderem als dem einfachen Kochen von guten Zutaten zu tun'. Auch im umfangreichen Kapitel zu den Hauptgängen mit Fleisch und Fisch werden die vegetarischen Varianten nicht vergessen. Für jede Mahlzeit zahlreiche leckere und einfache Rezepte für eine gesunde Ernährung.

'GESUND LEBEN' ist Müllers Philosophie, die in dieser Neuausgabe des Klassikers „Rezepte ohne Kohlenhydrate – 100 Low Carb Rezepte mit dem Thermomix zum Abnehmerfolg in nur 2 Wochen“ in jeder Zeile zu spüren ist.

Mathias Müller wurde 1986 in Berlin geboren. Er studierte Betriebswirtschaftslehre und arbeitet seit mehr als 10 Jahren als Marketing- und Vertriebs-Manager für verschiedene nationale und internationale Industrieunternehmen in unterschiedlichen Branchen.

Seit vielen Jahren beschäftigt er sich mit Gesundheits- und Ernährungsthemen, u.a. mit dem Schwerpunkt Low Carb. Müller hat verschiedene Bestseller veröffentlicht:

„Rezepte ohne Kohlenhydrate - 50 Mittagessen-Rezepte zum Abnehmerfolg in nur 2 Wochen“

„Rezepte ohne Kohlenhydrate - 40 einfache Low Carb Rezepte zum Abnehmerfolg in 2 Wochen“

„Rezepte ohne Kohlenhydrate - 50 Abendessen-Rezepte

zum langfristigen Abnehmerfolg"

14395684R00073

Printed in Poland
by Amazon Fulfillment
Poland Sp. z o.o., Wrocław